Karin Kleber
Einhard Schrader
Walter G. Straub

Moderations-Methode

Das Standardwerk

3. Auflage

■WINDMÜHLE

ISBN 978-3-937444-07-9

Alle Rechte vorbehalten
Das Werk und seine Teile sind urheberrechtlich geschützt. Jede Nutzung bedarf der schriftlichen Zustimmung des Verlages. Nachdrucke, Fotokopien, elektronische Speicherung oder Verbreitung sowie Bearbeitungen – auch auszugsweise – sind ohne diese Zustimmung verboten! Verstöße können Schadensersatzansprüche auslösen und strafrechtlich geahndet werden.

© 2006 (Nachdruck 2013)
Windmühle Verlag GmbH
Postfach 73 02 40
22122 Hamburg
Telefon +49 40 679430-0
Fax +49 40 67943030
info@windmuehle-verlag.de
www.windmuehle-verlag.de

Satz: FELDHAUS VERLAG, Hamburg
Layout: Regina Isterling, Hamburg
Fotos: ComTech AG, Gmund am Tegernsee
Druck und Verarbeitung: WERTDRUCK, Hamburg

Bibliografische Information der Deutschen Nationalbibliothek
Die Deutsche Nationalbibliothek verzeichnet diese Publikation in der Deutschen Nationalbibliographie; detaillierte bibliografische Daten sind im Internet über http://dnb.d-nb.de abrufbar.

Inhalt

Vorwort — 9

Einleitung — 11

Teil 1

Wie es dazu kam – ein ganz persönliches Kapitel — 15

Ankommen — 23

Kennenlernen — 26

Die Situation wird geklärt — 32

Eine Gruppe entsteht — 39

Die Gruppe arbeitet,
und die Probleme verdichten sich — 49

Krise und Höhepunkt:
Der Problemhorizont verdichtet sich — 55

Nägel mit Köpfen machen — 60

Abschluss und Abschied — 67

Was kommt danach? — 71

Wie wird so ein Prozess vorbereitet? — 75

Teil 2   79

Verhalten des Moderators   81

12 Regeln der Moderation   81
Wer ist als Moderator besonders geeignet?   91

Visualisierung   92

Grundbausteine für den Prozess der Moderation   93

Frage- und Antworttechniken   100

Situationsbezogener Einsatz von Moderations-Methoden   117

Kennenlernen   117
    Steckbrief   117
    Paarinterview   119
    Gruppenspiegel   120

Anwärmen   121
    Einstiegsfragen   121
    Graffiti   122
    Ankomm-Übung   122
    Anwärmfragen am Beginn des Tages   123
    Organisatorische Bedingungen   124

Problemsammlung/Problemstrukturierung   125
    Einstiegsfragen zur Problemorientierung   125
    Auswahl aus dem Themen- oder Problemspeicher   128
    Gewichtung von Aussagen und Problemen   128

Problembearbeitung   129
    Kleingruppenarbeit   129
    Regeln für die Kleingruppenarbeit   130
    Vorstellen der Kleingruppenergebnisse im Plenum   131

Transparenzfragen 132
   Herstellen von Transparenz auf der Sachebene 133
   Herstellen von Transparenz auf der Beziehungsebene 135
   Feedbackfragen im Diskussionsprozess 137

Kreativitätserweiterung 138
   Utopiespiel 139
   Brainwriting 141

Konfliktbearbeitung 141
   Pro- und Kontraspiel 141
   Konsensbildung 142
   Kommunikationsübungen
   zur Bearbeitung von Konfliktsituationen 143
   Konfliktbearbeitung in Kleingruppen 148

Erarbeiten von Lösungsansätzen 149
   Erstellen einer Problemlandschaft 149
   Kleingruppenszenarien 150
   Simultanprotokoll als Zwischenprotokoll 152
   Zusammenfassen des Problemspeichers 152

Umsetzen und Sichern der Ergebnisse 153
   Aktivitäts- und Verhaltenskataloge 153
   Simultanprotokoll als Abschlussprotokoll 155

Abschluss der Veranstaltung 157
   Offene Fragen 159
   Abschlussblitzlicht 159
   Ein-Punkt-Frage 159

Folgeaktivitäten **160**

Vorbereiten einer Moderation 164
Fragen und Einstimmen der Teilnehmer 164
Durchdenken der Bedingungen anhand von Vorfragen 165
Aufbau einer Moderation 167
Ablauf einer Moderation 168

Abendgestaltung **171**

Moderationsumgebung 173

Anwendungsfelder 176

Großveranstaltungen 176
    Fast klassische Tagung 177
    Tagungsbegleitende Moderation 178
    Diskussionsmarkt 179
    Informationsbörse 185
    Standards für moderierte Großveranstaltungen 192

Konferenzmoderation 211
Einsatz der Moderation in Lernveranstaltungen 213
Grenzen der Moderation 218
Moderation in OE-Prozessen 222

Literaturhinweise für Moderatoren 225

Die Autoren 231

Vorwort
zur Neuauflage

Die Anfänge der ModerationsMethode reichen bis in die zweite Hälfte der sechziger Jahre zurück. Damals entfaltete sich, ausgelöst durch politische Ereignisse, eine Aufbruchstimmung, die nicht nur das politische Leben, sondern auch die öffentlichen Organisationen und die privatwirtschaftlichen Bereiche zu erfassen begann.

Die ModerationsMethode ist ein Kind dieser Epoche. Der Verdrängungshebel lag in der Befreiung von den starren Ordnungen der Hierarchie. Nur so konnte Kreativität freigesetzt werden, nur so konnten Bürger zum Souverän politischer Entwicklungen und – im Gefolge dieses neuen »Bürgersinns« – »Betroffene zu Beteiligten« werden. Die Theorie war schnell entwickelt, die Umsetzung aber machte Probleme, denn die Praxis hinkte den hochfahrenden Plänen meilenweit hinterher. Im ersten Kapitel haben wir die Entwicklung der ModerationsMethode ausführlich geschildert. Sie soll hier nicht wiederholt werden. Wer aber heute dieses Einleitungskapitel liest, wird den Atem dieser Zeit, die Begeisterung und die Experimentierlust spüren können, mit der wir in den siebziger Jahren die Welt zu erobern begannen.

In den folgenden Jahren fand die ModerationsMethode eine explosionsartige Verbreitung. Sie wurde zum »gesunkenen Kulturgut«. Nicht immer hat ihr das gut getan. Was als Instrument der Befreiung zu neuer Selbstbestimmung erfunden worden war, wurde vielfach als bloße Visualisierungstechnik oder – schlimmer noch – als Manipulationsinstrument missbraucht. Der aufklärerische Geist ging im Technokratismus unter.

Das vorliegende Buch erschien erstmals 1980, seinerzeit noch als Ringbuch, und war die einzige umfassende Darstellung der ModerationsMethode. Sie strahlt den Geist aus, aus dem heraus sie erfunden ist. In dieser Hinsicht ist sie ein Zeitdokument. Aber sie hat auch heute noch ihre grundlegende Bedeutung. Das ist nicht nur daran zu erkennen, dass das Buch immer wieder im Handel nachgefragt wird, sondern auch daran, dass sie noch heute Erfindergeist und Experimentierfreude bei Lesern und Anwendern auslöst. Mehr denn je verlangen Veränderungsprozesse nach Einbeziehung von Betroffenen. Und immer deutlicher wird bewusst, dass Folienschlachten weder überzeugend wirken noch Engagement und Begeisterung auslösen können. So ist die ModerationsMethode in ihrem gesamten Umfang aktueller denn je und dieses Buch das Standardwerk für jeden Seminarleiter und Personalentwickler.

Weiterentwicklungen der Methode und interessante Anwendungen, die ausführlicher dargestellt werden sollten, wurden später ergänzend in einer Reihe zusammengefasst: Die Moderation in der Praxis, mittlerweile auf sieben Bände angewachsen. Damit liegt Ihnen zum Thema »Moderation« ein kompletter Werkzeugkasten vor, der bei vielen Problemstellungen eine wertvolle Arbeitshilfe ist.

Wir wünschen uns, dass die ModerationsMethode noch lange Zeit ihr kreatives »Unwesen« treiben wird und dass die Neuauflage dieses Buches dazu beitragen kann, überzeugend darzustellen, was in der ModerationsMethode steckt, wenn man sich die Mühe macht, sie in allen ihren Dimensionen zu verstehen und anzuwenden.

K. Klebert, E. Schrader, Walter G. Straub

Einleitung

Wir haben lange gezögert, eine zusammenfassende Darstellung der ModerationsMethode zu schreiben. Es gibt einige gewichtige Gründe, die dagegen sprechen, und diese möchten wir zunächst vorstellen, bevor wir Sie bitten, sich dieses Buch »anzueignen«.

1. Die ModerationsMethode ist kein in sich geschlossenes System. Wie Sie aus der Entstehungsgeschichte im ersten Kapitel sehen können, hat sie viele Mütter und Väter. Und sie ist nicht am grünen Tisch entwickelt worden, sondern im Zusammenhang mit der Lösung praktischer Probleme. Erfindungen, die zunächst für einen spezifischen Einzelfall gemacht waren, wurden wiederholt, verändert, angepasst, und schließlich entstand daraus eine Moderationsregel. Dieser Vorgang des ständigen Erfindens und Verwerfens, des Veränderns und Erweiterns macht die Lebendigkeit dieser Methode aus. Wenn nun ein »Standardwerk« über die ModerationsMethode vorliegt, so kann es leicht geschehen, dass sie als geschlossenes Regelwerk gilt, das beckmesserisch durchgesetzt wird. Nichts wäre tödlicher für die Moderation als ein Lehrbuch!

2. Moderation ist ein Handwerk – vielleicht ein Kunsthandwerk. Wissen und Theorie spielen eine vergleichsweise untergeordnete Rolle gegenüber Geschicklichkeit und Erfahrung. Ein Buch suggeriert aber die Annahme, das Lesen, Verstehen und Auswendiglernen mache schon den Meister. Aber wie der Kölner Dom nicht aus einem Architektenlehrbuch entstanden ist, sondern aus der Erfahrung, der Phantasie und dem handwerklichen Können der Baumeister, so ist auch Moderation keine bloße Schreibtischtat, also eigentlich nicht lehrbuchfähig.

Dass wir uns dennoch entschlossen haben, ein Buch über die ModerationsMethode zu schreiben, hat nicht nur etwas mit unserer Eitelkeit zu tun. Vielmehr hat die ModerationsMethode inzwischen

Einleitung

eine solche Verbreitung gefunden, dass es ratsam erscheint, denjenigen, die sie irgendwo einmal gelernt haben, ein Hilfsmittel an die Hand zu geben, das ihnen das Umgehen mit dieser Methode erleichtert und sie anregt, Neues auszuprobieren. Folglich kann dieses Buch nicht das aktive Lernen des Moderierens ersetzen. Gerade weil das Verhalten des Moderators in der Gruppe ein elementarer Bestandteil des Moderierens ist, braucht der Lernende das Feedback des erfahrenen Moderators und der Gruppe, in der er lernt. Dieser Lernprozess kann durch kein Buch ersetzt werden.

Wir werden immer wieder gefragt, was denn nun eigentlich Moderation sei, und immer wieder haben wir dann die Schwierigkeit, die beiden Elemente der Moderation, die methodische und die Erlebnisebene, zu verdeutlichen. Wir haben deshalb versucht, im ersten Teil des Buches eine Moderation zu beschreiben und anhand dieser Beschreibung zu erläutern, was daran Moderation ist. Es ist also – um in unserer Terminologie zu bleiben – die »Bauchebene«, die Erlebnissphäre, die wir im ersten Teil darzustellen versucht haben.

Der zweite Teil ist dann ganz der »Kopfebene«, den Techniken vorbehalten. Er ist als ein praktischer Werkzeugkasten für die Gestaltung von Moderationsprozessen gedacht.

Die Verbindung zwischen beiden Teilen stellen die Verweise im ersten Teil dar. Überall, wo wir Methoden angesprochen haben, haben wir auf deren ausführliche Beschreibung im zweiten Teil des Buches hingewiesen.

Teil I

Hier wird der Ablauf einer typischen Moderationsveranstaltung beschrieben, und es wird erläutert, was daran eigentlich »Moderation« ist. Es geht den Autoren also darum, ein Gespür für die jeweiligen Situationen zu entwickeln und Grundverständnis für die Methode zu gewinnen.

Wie es dazu kam – ein ganz persönliches Kapitel

Die Methode der Moderation ist ein Handwerk, eine Kunst, das Gespräch zwischen Menschen sinnvoll und ergebnisreich zu gestalten. Vor etwa 30 Jahren gab es weder die Methode noch dieses Wort dafür. Es gab nur eine Situation und ein Problem.

Die Situation

Denken wir an das Ende der sechziger Jahre: Es begann mit Protesten der Jugend gegen den Vietnamkrieg, gegen die Unterdrückung der Völker in der Dritten Welt. Der Gegenstand des Protestes rückte näher bei der Notstandsgesetzgebung in Deutschland. Damit zündete an den Universitäten ein Funke. Aus dem Kampf gegen die ferne Unterdrückung wird der Aufstand gegen die hautnahe Bevormundung in den Schulen, in den Universitäten, an den Arbeitsplätzen, in der Erziehung. War Politik vorher das Geschäft von Professionellen, wurde es jetzt zur Haltung des Einzelnen. Es entwickelte sich die »Protestbewegung«. Aus der konkreten Erfahrung des Widerstandes entstand erst das Bewusstsein, wer oder was wie sehr eingeschränkt ist. Es war ein Lernprozess, intensiver, begeisterter und wirksamer, als er je in Schulen oder sonstigen Lehrinstitutionen wieder möglich sein wird. In spontan sich entwickelnden Gruppen wurde freiwillig und gemeinsam gelernt. An der Erfahrung mit sich und der Bewegung wurden Wissen, Geschichte, Psychologie, Politik, Nationalökonomie, Psychoanalyse wirklich anwendbar. Die praktische Forderung, die den Lernprozess für eine ganze Generation ermöglichte, hieß: Mitsprache, Beteiligung all derer an der Gestaltung von Lern- und Arbeitsprozessen, die bisher den Mund zu halten und zu arbeiten hatten: Mitsprache der Studenten bei der Auswahl des Lernstoffs, der Besetzung der Lehrstühle, den Prüfungsbestimmungen, Mitsprache der Auszubildenden bei Ausbildungsrichtlinien, Mitsprache der Bürger bei der Stadtplanung, Mitsprache der Kinder bei der Erziehung, Mitsprache der Schüler im Unterricht und in Fragen der Schulverwaltung. Nicht zuletzt hieß sie auch Mitsprache der Frauen bei der Gestaltung der Welt.

Mitsprache, das bedeutet: Interesse entwickeln, sich eigene Gedanken machen, Verantwortung übernehmen, mitwirken können. Beteiligungsmodelle aller Art wurden entwickelt. Die Folge war zunächst eine Unmenge neuer komplizierter Bestimmungen und eine sprunghafte Vermehrung und Verlängerung von Sitzungen aller Art. Immer mehr Menschen mussten mit immer mehr anderen Menschen über immer mehr Angelegenheiten reden.

Das Problem der Erfinder

Wir haben diese Erfahrung zur Genüge am eigenen Leib gemacht. In vielen Sitzungen (als Studenten, Assistenten, Kollegen, Pianer) haben wir Höllenqualen an Körper und Geist durchlitten. Wir fanden immer neue Schuldige: die anderen, die »Struktur«, die Umwelt, die Organisation, die Vielredner usw., die wir dafür verantwortlich machten, dass es so unerträglich ist; alle reden zu viel und zu lange an allen anderen vorbei, und es kommt nichts dabei heraus oder etwas, das keiner gewollt hat. Eines Tages begriffen wir: Es war nicht unbedingt so, dass die Menschen einander nicht beteiligen wollen, sondern sie können es nicht. Es gab kein Verhalten und keine Technik, die es ermöglichte, dass mehr als drei Menschen gleichberechtigt miteinander sprechen können! Wir alle kannten nur zwei Modelle, Vortrag und Diskussion, Lehrer und Diskussionsleiter. Die Machtposition ist dieselbe: Der Lehrer weiß, was richtig ist, der Diskussionsleiter weiß, wo es langgeht. Beide Modelle machen die Gleichberechtigung in einer Gruppe unmöglich. Machtpositionen in der Gruppe beseitigen zu wollen ist wie ein Kampf mit der Hydra: Kaum hat man einen Führer abgesetzt, wächst der nächste nach. Erfahrungen mit Gruppendynamik, Teamarbeit, hierarchiefreiem Lernen brachten viele Anregungen für uns, aber keine Lösung. Gruppendynamik befasste sich nur mit der Beziehung zwischen Menschen und gebar den Trainer oder Gruppenleiter als Autorität. Teamarbeit und hierarchiefreies Lernen scheiterten immer wieder an menschlichen Gewohnheiten, deshalb gibt es Teamleader und Lerngruppenleiter. Lehrer und Leiter traten in allen möglichen neuen Tarnungen wieder auf: Offensichtlich waren sie unvermeidlich. Diesen Schluss wollten wir nicht akzeptieren.

Zwei weitere Entwicklungstendenzen haben die Entstehung der Moderation darüber hinaus beeinflusst: Mit dem Ende der Erhard-Ära Mitte der sechziger Jahre bzw. der heraufziehenden Brandt-Ära entstand eine ungeheure Planungseuphorie. War Planung vorher ein Teufelswerk des Sozialismus gewesen, so wurde nun das Heil in der bis ins Einzelne gehenden Planung gesehen. Der Glaube an ihre Bedeutung stand im umgekehrten Verhältnis zum Vorhandensein von Methoden, um sie durchzuführen. Ganze Bibliotheken von Planungsliteratur wurden geschrieben, und in den verschiedensten gesellschaftlichen Bereichen entstanden Experimentierfelder für Planungsmethoden. Der andere Schub kam aus den Unternehmen und Organisationen. Mit abnehmenden Gewinnraten und zunehmendem Konzentrationsprozess in der Wirtschaft wuchs die Komplexität der Probleme, die durch Planung gelöst werden mussten. Auch hier zeigte sich ein erhebliches Defizit an Planungsmethodik, das zunächst ausgeglichen wurde durch ein inflationäres Anwachsen von Planungsstäben. Die daraus entstehende »Expertokratie« verlor sehr schnell den Kontakt zur Basis, das heißt zu den Nutzern ihrer Planungsergebnisse. Eine zunehmende Abwehr gegen die unkontrollierte Macht der Planer kennzeichnete die Situation Anfang der siebziger Jahre in Deutschland.

An diesem Punkt trafen wir auf Eberhard Schnelle und das Quickborner Team. Im Quickborner Team hatte noch eine weitere schlechte Erfahrung zu einer Erfindung auf dem Gebiet der Beteiligung geführt: Jedesmal, wenn eine Büro- oder Organisationsplanung abgeschlossen war, gab es einen dicken Planungsbericht, der dann meist in einer Schublade verschwand, während alles beim Alten blieb. Ein allgemeines Planungsschicksal. Da werden monatelang von einigen Experten richtig kreative, zukunftsweisende Lösungen, die vielleicht sogar praktisch sind, erarbeitet, und hinterher will sie keiner haben. Das traurige Schubladendasein oder auch der zermürbende Durchsetzungkampf mit denen, die eine Planung realisieren sollen, brachte Eberhard Schnelle auf die Idee, die entscheidenden Personen (die »Entscheider« oder »Hierarchen«) einerseits und die Betroffenen andererseits bereits vor und während der planerischen Arbeit einzubeziehen und am Erfinden der Lösungen zu beteiligen. Das »Entscheidertraining« – die Keimzelle der Moderation – war geboren.

Die kreative Lösung

Die kreative Lösung entstand Schritt für Schritt in vielen Experimenten mit vielen, sehr unterschiedlichen Gruppen. Stellwände und (Kartei)karten wurden nicht mehr dazu benutzt, Analysen und Pläne für die Planer selbst sichtbar zu machen, sondern dienten dazu, das Gespräch einer Gruppe transparent zu machen. Packpapier und Filzstifte waren Hilfsmittel, deren Gebrauch wir bei jedem Training verfeinerten. So begann die Kunst der Visualisierung im Gruppenprozess. Aber noch schwitzten wir und mühten uns ab, die Gruppe zu führen: Wir wollten sie irgendwohin haben. Wir zogen und schoben, aber wohin eigentlich? So produzierten wir uns die Widerstände, die wir dann bekämpfen mussten. Dabei war die Lösung einfach und naheliegend.

Der wichtigste Schritt, die kopernikanische Wende in der Gruppenarbeit, war, als wir erkannten: Die Menschen wissen etwas, sie können etwas, sie haben einen Willen. Lassen wir sie also das tun, was sie selber können und wollen. Damit geschah erst der Rollenwandel vom Planer, Experten, Gruppenleiter zum Moderator. Der »Trainer« (so nannten wir uns damals noch) sollte nicht mehr wissender Führer der Gruppe, sondern Helfer, Hebamme für den Willen und die Erkenntnis der Beteiligten sein. Die Hebamme braucht Werkzeug und Methode, um dem Kind auf die Welt zu helfen. Wenn wir wissen wollen, was die Menschen wollen, müssen wir sie danach fragen. Das klingt ganz einfach, ist aber nicht so einfach.

Schweiß und Tränen

Der Umsetzung dieser Erkenntnis stand eine Menge im Wege:

- die Erwartung der Menschen
- unser Unwissen: wie fragen? – was fragen? – wann fragen?
- unsere eigene Haltung als Experten, Könner, Trainer.

Die Erwartung der Teilnehmer, kurz zusammengefasst, lautete: Wir kommen hierher, bezahlen viel Geld, dafür wollen wir von euch wissen, was richtig ist und wie es gemacht wird.

Die Schwierigkeit lag darin, dass wir das eigentlich für berechtigt hielten. Wir waren daher der Empörung und dem Unwillen, die oft Antwort auf unsere Fragen waren, nicht gewachsen. Wir reagierten unsicher und gekränkt, dass unser guter Wille und unsere tollen Erkenntnisse so missachtet wurden. Das war wiederum Wasser auf die Mühlen der Teilnehmer. Wenn das alles noch mit bunten Karten, Filzstiften, Malereien und Klebepunkten verbunden war, lief das Fass über: »Spielerei«, »Zumutung« und Schlimmeres waren die Reaktionen. Oft hat nur die persönliche Ausstrahlung und Wahrhaftigkeit von Eberhard Schnelle das sinkende Schiff gerettet.

Unser Unwissen war natürlich. Moderation war ja erst zu erfinden. Einen »Moderationsablauf« gab es nicht. Jeder Schritt war improvisiert, denn alles Vorbereitete war schnell von der Situation überholt. Ein Einfall aus der Situation, die momentane Idee war das Entscheidende, was weiterhalf. Unser Vorwissen, unsere Erfahrung machten uns in der Notsituation erfinderisch. Wir probierten immer neue Fragen und lernten aus den Antworten und der Stimmung der Gruppe, ob wir falsch lagen oder mit Glück die richtige Spur gefunden hatten. Gelernt haben wir aus dem, was schiefging. So entstanden in den frühen siebziger Jahren die Frage- und Antworttechniken. Die eigene Haltung zu ändern war das Schwierigste überhaupt.

Angetreten sind wir in der Haltung des Experten, Wissenden, des Leiters. Das hat uns das richtige, direkte und naive Fragen sehr erschwert. Wir dachten viel zu kompliziert (was wir ja auch mühsam gelernt hatten). Außerdem fielen wir auf die Konsumerwartungen der Menschen herein wie Bienen auf den Honig. Stolz erzählten wir stundenlang Planungsexpertenwissen und andere Theorien, zum Beispiel über Gruppendynamik.

Dieses Dozieren wurde aber, je mehr wir zu fragen lernten, zum Lückenbüßer für Notsituationen. Je mehr das Vertrauen in unser eigenes Vorgehen wuchs, desto mehr Vertrauen hatten wir auch zur Gruppe, und wir konnten sie ihrer Eigendynamik überlassen. Natürlich suchten wir nach theoretischen Begründungen und Rechtfertigungen für jedes methodische Experiment. Das war für uns selbst lehrreich, im Gruppenprozess half es nur wenig. Im Gegenteil, eine vorgebrachte Theorie tötete oft die mühsam entfachte Dynamik des Gesprächs.

Außerdem irritierte uns immer wieder die Forderung nach Steuerung, die von den Teilnehmern kam. Es wurde uns beides vorgeworfen – meist zu gleicher Zeit von denselben Menschen –, dass wir zu viel oder zu wenig, zu raffiniert, zu offensichtlich, zu lasch oder zu hart steuerten. Wir ließen uns verunsichern und machten es von Mal zu Mal anders, warfen das Steuer manchmal jäh herum, manchmal ließen wir es ganz fahren. Dieses Verhalten entsprach unserer eigenen Unsicherheit, unserem eigenen Lernprozess. Dabei entwickelte sich langsam das, was wir heute moderatorische Haltung nennen:

- zuzuhören, wer wann was sagt und was das für die Gruppe bedeutet;
- die Gruppe und ihre Entwicklung wichtig zu nehmen und nicht sich selbst;
- den Zwang, sich produzieren zu müssen, vor der Gruppe zu glänzen, loszulassen;
- die Bemühungen darauf zu konzentrieren, die Situation richtig einzuschätzen und dann das Richtige zu tun oder das Falsche zu lassen. Dabei ist »richtig« und »falsch« etwas sehr Subjektives, das zum Gelingen der Gruppenarbeit beiträgt;
- nicht den eigenen Leistungsdruck voranzustellen. Es ist meist viel schwerer, nichts zu leisten als etwas zu leisten.

Moderation war geboren, als diese Haltung für uns und andere sichtbar wurde. Denn ohne diese Haltung wäre Fragetechnik nur ein mieser Trick.

Der Durchbruch

Der Durchbruch kam ganz allmählich. Sehr langsam wurde deutlich, dass Moderation nicht nur unserem Bedürfnis entsprang, sondern auf ein stets wachsendes Bedürfnis vieler Menschen nach besserer

Kommunikation stieß. Ein erstes Anzeichen dafür war, dass Menschen zu uns kamen, die von uns Moderieren lernen wollten. Wir entwarfen das erste Moderatorentraining. Die Durchführung der Moderatorentrainings trug sehr dazu bei, uns mehr Klarheit über das, was wir Moderieren nannten, zu verschaffen. Unsere methodischen Handlungen wurden präziser und einfacher. Damit gewannen wir wieder an Sicherheit und Mut, uns mit noch schwierigeren Gruppensituationen auseinanderzusetzen.

Die Erlernbarkeit der Moderation war Vorbedingung für ihre weitere Ausbreitung. An der Wirkung der frisch gebackenen Moderatoren erkannten wir, wie unterschiedlich Moderation sich – je nach dem Benutzer des Werkzeugs – auswirken kann. Anwendung der Technik macht noch nicht den Moderator. Deshalb wurde es für uns wichtig, auch unsere Erfahrung mit der Haltung des Moderators übertragbar, das heißt erlernbar zu machen. Der Schwerpunkt der weiteren Entwicklungsarbeit lag nun auf dem Verhalten des Moderators, das heißt auf der Arbeit an uns selbst.

Gleichzeitig mit dem Moderatorentraining entwickelten wir ein Modell der Moderation großer Gruppen, den »Informationsmarkt«. Der erste fand 1973 mit 1000 Teilnehmern statt. Diese Erfindung trug in den nächsten Jahren ebenfalls sehr zur Ausbreitung der Moderation bei. Heute ist die Moderation in Deutschland so verbreitet, dass die Situation bereits unübersichtlich ist. Das bedeutet, dass Moderation beginnt, zum Allgemeinbestand von Kulturtechniken zu gehören.

Das Ziel der Moderation

Die erwähnte Unübersichtlichkeit veranlasst uns, noch einmal die »Botschaft« der Moderation hervorzuheben, die für uns wichtig ist: Moderation ist ein Handwerk und eine Kunst zur Verbesserung der menschlichen Kommunikation. Damit reiht sie sich in eine Kette von Erfindungen in den letzten Jahrzehnten ein, die alle dem gleichen Ziel dienten: Die Methoden der Humanistischen Psychologie, das Personal Growth, Selbsterfahrung, TZI, Gestalt usw. sind alle der gleichen Mantelfalte des Zeitgeistes entstiegen. Das Ziel ist, dass Menschen angesichts einer entfremdeten, total verwalteten und industrialisierten Welt menschlicher werden können, statt nur zu kaufen und gekauft zu werden. Die »Botschaft« ist, dass wir nur Menschen werden, wenn wir anfangen, Verantwortung für uns selbst und unsere

Umwelt zu übernehmen, und lernen, mit unserer Energie sinnvoll umzugehen. Das zu lernen ist aber die Aufgabe jedes Einzelnen. Veränderung ist keine Frage der Macht mehr, sondern eine Frage der Haltung jedes Einzelnen. Moderation ist ein methodisches Angebot auf dem Weg dieser Haltungsänderung.

Ankommen

Stellen Sie sich vor, Sie kommen an einem fremden Ort in ungewohnter Umgebung an. Sie sind angereist, um gemeinsam mit einer Gruppe von Menschen ein Problem zu bearbeiten, das in der Alltagssituation Ihres Arbeitsplatzes immer wieder beiseite geschoben wurde, das zu komplex und ungriffig war, als dass es sich in ein paar Sitzungen hätte lösen lassen.

Sie haben gehört, dass dieses Problem unter der Leitung von zwei Moderatoren angepackt werden soll. Vielleicht haben Sie auch schon etwas über die ModerationsMethode gehört. Da werden endlose Mengen von Packpapier vollgeschrieben, da werden haufenweise Klebepunkte verteilt, da geht alles ein bisschen unordentlich und unernst zu. Mit anderen Worten: Sie kommen mit einem gehörigen Maß an Skepsis und nehmen sich vor, sich kein X für ein U vormachen zu lassen! Vielleicht sind Sie freiwillig gekommen, dann sind Sie gespannt, was Sie erwartet. Vielleicht sind Sie aber auch einer oder eine von denen, die mit sanfter Gewalt hierher beordert wurden, und nun sind Sie sauer, weil Sie sich nicht genügend gewehrt haben.

Sie kommen also an, und nichts ist wie sonst. Sie betreten einen Raum, der fast nichts mit dem gewohnten Sitzungszimmer gemein hat: Er ist groß, warm, gemütlich, einladend, mit einer ungewohnten aber angenehmen Atmosphäre. Der Boden ist mit einem Teppich ausgelegt, z. B. moosgrün wie ein Waldboden, dunkle Holzbalken und eine braune Holzbar geben dem Raum einen rustikalen Anstrich, warme Farben herrschen in Stühlen und Gardinen vor, Kerzen auf den Tischen und gedämpftes Licht; eine Ecke, in der Sie eine bequeme Sitzgruppe sehen, lässt eher an ein gemütliches Zusammensein denken als an harte Arbeit.

Erschreckt Sie das? Schließlich sind Sie zum Arbeiten hergekommen und nicht, um eine Candlelight-Party zu feiern! Aber es ist ja Abend, und vielleicht beginnt der Ernst des Lebens erst am nächsten Morgen. Ein dekoratives, appetitliches Büfett, das in einer Ecke steht, bestärkt Sie in der Vermutung, dass die angenehmen Seiten des Lebens hier nicht vergessen werden.

In einer anderen Ecke stehen einige Menschen ungezwungen um einen Tresen und plaudern. Vielleicht entdecken Sie bekannte Gesichter. Die Namen der Unbekannten finden Sie schnell heraus, denn jeder hat auf sein Hemd einen Tesakrepp-Streifen geklebt, auf dem in gut lesbaren Buchstaben sein Name steht. Manche haben ihren Namen auch verwegen auf das Hosenbein geklebt oder am Ärmel befestigt. Wenn Sie den Namen finden wollen, müssen Sie sich den ganzen Menschen ansehen, und dabei nehmen Sie schon etwas mehr wahr als sonst, wo der Mensch unterhalb der Krawatte aufhört.

Überhaupt: Krawatten sehen Sie hier nur wenig, denn schon in der Einladung stand die Empfehlung, sich mit Freizeitkleidung auszustatten. Wer hier in Schlips und Kragen steht, dem lugt der Arbeitsalltag noch aus allen Knopflöchern. Die ersten Kontakte entstehen beim Aperitif an der Bar, werden enger beim gemeinsamen Essen. Die Beklemmung, die Sie beim Hereinkommen empfunden haben, löst sich. Dabei hilft Ihnen die Musik im Hintergrund, ein heiterer Mozart vielleicht oder Vivaldi. Wein, Bier oder was Sie sonst zum Essen trinken mögen, stehen zur freien Verfügung und helfen, das Gefühl von Fremdheit zu überwinden.

Dann verebbt die Musik, das Licht wird heller. Sie bemerken, dass im Raum auch Pinnwände – in einer Ecke zusammengestellt – stehen, Sie sehen einen Bock mit großen Bogen Packpapier, bunte Karten, Pinnboards an den Wänden, Kästen mit Filzstiften auf kleinen Tischen. Nun kommt die »offizielle« Begrüßung, nicht ganz so steif und formal, sondern schon ein bisschen wärmer und lockerer als sonst, und ehe Sie es sich versehen, hantieren Sie mit fremdem Material, den Pinnwänden, dem Packpapier und den Filzstiften herum, um sich bekannt zu machen und die anderen kennenzulernen – doch davon im nächsten Kapitel.

Was heißt hier moderieren?

Ankommen

Für viele Menschen ist es nicht einfach, die gewohnte Arbeitsatmosphäre zu verlassen, um in ungewohnter Umgebung mit neuen, zum Teil unbekannten Menschen neue Formen des Miteinanderredens und -arbeitens auszuprobieren. In der Moderation akzeptieren wir dieses Unbehagen und versuchen, eine Umgebung zu schaffen, die es dem Einzelnen erleichtert, mit seinem Unbehagen umzugehen. Dieses Unbehagen äußert sich je nach Temperament ganz unterschiedlich. Von stiller Zurückgezogenheit über muffiges Danebenstehen, über verdeckte und offene Aggression bis hin zu verkrampfter Fröhlichkeit finden sich alle Reaktionen in der Anfangsphase einer Moderation. Kein Verhalten ist besser oder schlechter als das andere, aber es ist unsere Aufgabe als Moderatoren, die Menschen mit sich selbst, mit anderen Teilnehmern und mit uns warm werden zu lassen. Und es ist wichtig, für uns eine Situation herzustellen, in der wir mit der Gruppe warm werden können.

**s. S. 173
Moderationsumfeld**

Kennenlernen

Aus der gemütlichen, dämmerig-besinnlichen Essensstimmung ist eine geschäftige, geräuschvolle Arbeitsstimmung geworden: Pinnwände werden im Raum verteilt, Packpapiere aufgehängt, Filzstifte zusammengesucht, die Gruppe nimmt Raum und Material in Besitz. Wie ist es dazu gekommen?

Nachdem die organisatorischen Einzelheiten geklärt sind, nachdem klar ist, wo jeder sein müdes Haupt hinlegen kann, wann und wie er was essen und trinken kann und – meist die wichtigste Frage am Anfang – um wie viel Uhr am letzten Tag Schluss ist, nachdem also alle vordergründigen Probleme ausgeräumt sind, kann der Prozess des Kennenlernens formell beginnen.

Die Moderatoren stellen dazu das auf der nächsten Seite folgende Plakat vor.

Diesen »Steckbrief« gestaltet nun jeder. Er klärt damit ab, was und wie viel er von sich in diesem Moment der Gruppe zeigen will. Gleichzeitig macht er sich mit dem ungewohnten Material vertraut. Vergleiche mit der Schrift der Moderatoren werden angestellt, Entschuldigungen für die schlechte Schrift in Gedanken vorformuliert.

Überhaupt spielen Entschuldigungen in dieser Phase eine große Rolle, denn viele Menschen sind in dieser Situation hin- und hergerissen zwischen dem Reiz der Selbstdarstellung und der Angst vor zu viel Offenheit. Aber jeder merkt auch, dass er von den anderen nur so viel erfährt, wie er von sich selbst ihnen zu zeigen bereit ist.

Während die einen noch über ihrem Plakat brüten, sind die anderen, die Schnellen, schon fertig, laufen im Raum herum, kiebitzen schon einmal an den anderen Tafeln, merken häufig, dass sie vielleicht doch ein bisschen schludrig waren, und kehren verstohlen an ihre Plakate zurück, um noch die eine oder andere Ergänzung anzubringen.

Wenn alle fertig sind, lassen sich die Teilnehmer bequem in der »Kuschelecke« nieder. Danach stellt einer nach dem anderen sein Plakat vor. Schon bei der Nennung des Namens gibt es erste Signale, wie viel Intimität der Einzelne in der Gruppe zulassen will, ob er nämlich nur seinen Nachnamen (mit oder ohne Titel) angibt oder seinen Vornamen dazu schreibt oder ob er gar nur seinen Vornamen nennt.

Schon an dieser Stelle wird häufig die Frage diskutiert, ob man sich »siezen« oder »duzen« will. Eine einheitliche Meinung entsteht zu diesem Zeitpunkt selten, aber jeder kann jetzt mit seinem Wunsch nach Nähe und Distanz umgehen.

Auch in Gruppen, die sich schon länger kennen, die ständig miteinander arbeiten, löst diese Phase viele Aha-Erlebnisse aus. Denn Informationen über die Familiensituation, die berufliche Entwicklung, die Kriegs- und Nachkriegserfahrungen werden selten in dieser Klarheit am Arbeitsplatz ausgetauscht.

Die Moderatoren haben ebenfalls einen »Steckbrief« angefertigt und stellen ihn ebenso vor wie die Teilnehmer. Sie dokumentieren damit, dass sie sich als Teil der Gruppe betrachten, dass sie ebenso neugierig und ebenso ängstlich sind wie die Teilnehmer und dass sie keine Sonderrolle in dem informellen Beziehungsgefüge spielen wollen.

Aber mit dem persönlichen Kennenlernen der Teilnehmer sind meist noch nicht alle Unklarheiten beseitigt. Viel Schutt aus der Vergangenheit haben die Teilnehmer häufig in die Situation mit hineingebracht, der nun noch beiseite geräumt werden muss. So wissen viele Teilnehmer z. B. trotz ausführlicher Einladungsschreiben nicht, was sie hier sollen. Sie wissen nicht, wer was von ihnen erwartet und wer welche »Aktien im Geschäft hat«, das heißt, wie der Einzelne von den Ergebnissen der Moderation betroffen ist.

Die Moderatoren greifen diese Unsicherheit auf. Sie stellen zwei Tafeln mit leeren Packpapieren auf. Auf der einen hängt eine rote Karte mit dem Text: »Ich befürchte, dass hier ...«, auf der anderen hängt eine grüne Karte mit dem Text: »Ich hoffe, dass hier ...«. Die Teilnehmer schreiben nun auf die entsprechenden Kartenfarben ihre Hoffnungen und Befürchtungen. Die Moderatoren sammeln die Karten ein und hängen sie dann an die Tafeln. Dadurch werden die Erwartungen transparent, und häufig findet sich in der Gruppe der eine oder andere Teilnehmer, der eine Reihe von Fragen beantworten kann. (Um welche Fragen es hier im Einzelnen geht, wird im nächsten Kapitel beschrieben.) Sicher sind an dieser Stelle noch nicht alle Vorbehalte ausgeräumt, aber es ist eine Atmosphäre entstanden, die jedem Einzelnen signalisiert, dass er hier seine Wünsche und Befürchtungen äußern kann, ohne dafür bestraft zu werden.

Der Abend endet – jedenfalls in seinem offiziellen Teil – damit, dass die Moderatoren ein Plakat vorstellen, auf dem die Ziele der gemeinsamen Arbeit festgehalten sind. Das Plakat kann etwa so aussehen:

Je nach Lust und Laune finden sich die Teilnehmer noch zu kleinen informellen Gruppen zusammen, trinken einen Schluck miteinander oder ziehen sich zurück. Die Beleuchtung wird wieder gedämpft, Hintergrundmusik erleichtert unbefangene Gespräche.

Was heißt hier moderieren?

Kennenlernen

Kennenlernen heißt zunächst einmal: Vertrauen gewinnen, zu sich, zu den Teilnehmern, zu den Moderatoren, zur Umgebung. Es heißt aber auch: nur so viel Offenheit herstellen, wie jeder Einzelne für sich zulassen möchte und kann. Dieses Ziel könnte vielleicht auch mit einer rein verbalen Vorstellungsrunde erreicht werden, wie sie in vielen Seminaren üblich ist. Aber die visualisierte Struktur hat zwei Vorteile. Sie gibt zum einen jedem die Chance, sich selbst darzustellen und in Ruhe darüber nachzudenken, ohne gleichzeitig anderen zuhören zu müssen. So erhält jeder von den anderen ein notwendiges Minimum an Informationen. Zum anderen erhöht die visualisierte Form die Merkfähigkeit.

s. S. 92 Visualisieren

Namen kann man besser behalten, wenn man sie einmal gelesen hat, die optische Gestaltung eines Plakats lässt die Persönlichkeit des Einzelnen plastischer hervortreten als die verbale Kurzvorstellung.

s. S. 100 Frage- und Antworttechniken

Moderieren heißt in dieser Phase wie immer: die richtigen Fragen stellen.

Dazu müssen sich die Moderatoren vorher folgende Gedanken machen:

- Was wissen die Teilnehmer schon voneinander?
- Was wollen die Teilnehmer vermutlich voneinander (und von den Moderatoren) wissen?
- Welche Fragen erlauben es den Teilnehmern, ohne sie dabei zu überrumpeln, ein bisschen mehr über sich zu äußern als sonst?

s. S. 117 Kennenlernen

Je nach zur Verfügung stehender Zeit, nach Absicht der Moderatoren und Art der Gruppe gibt es verschiedene Kennenlern-Spiele. Sie sind im Methodenteil beschrieben.

s. S. 121 Anwärmen

Für die Moderatoren ist es wichtig, die Fragen etwa eines Steckbriefes jedes Mal neu zu formulieren und nicht auf alte Kamellen zurückzugreifen. Zum einen hilft ihnen das, sich auf jede Gruppe neu einzustellen und deren spezifische Bedürfnisse vorauszuahnen. Zum anderen erlaubt es ihnen, ihren eigenen Steckbrief jedes Mal frisch zu entwerfen. Sie vermeiden damit Routine und Perfektion und können jedes Mal hier und jetzt über ihre eigene Bereitschaft zu Offenheit entscheiden. Nichts ist für die Gruppe und die Moderatoren tödlicher als die »Roboter-Moderation«.

Häufig stellt sich erst am Abend selbst heraus, mit welchen Vorbehalten und Ängsten die Teilnehmer ankommen. Darauf sollten die Moderatoren spontan reagieren. Einerseits müssen sie der Gruppe ermöglichen, offene Fragen, die im Vordergrund stehen und die Sicht auf die gemeinsame Arbeit versperren, anzubringen. Zum anderen sollten aber auch keine schlafenden Hunde geweckt werden, das heißt, die Moderatoren sollten nicht mit Gewalt Probleme herauskitzeln, wo keine sind.

Es kann also durchaus sein, dass ein Anwärmabend mit der gegenseitigen Vorstellung endet und dann in eine lockere Gruppenbildung übergeht.

Die Situation wird geklärt

Wenn die Teilnehmer am Morgen den Raum betreten, hat er sich verändert. In einer Ecke ist eine Sitzrunde aufgebaut, Stühle stehen im Halbkreis ohne Tische davor. Die Front bilden drei bis vier Pinnwände, an denen Plakate hängen, die noch verdeckt sind. Tageslicht erleuchtet den Raum, die Partyatmosphäre des Abends ist einer konzentrierten Arbeitsatmosphäre gewichen. Bis alle Teilnehmer eingetroffen sind, ist Gelegenheit, noch einen Kaffee zu trinken oder den Nachdurst des Abends mit Mineralwasser oder Säften herunterzuspülen.

Als die Teilnehmer sich in der Plenumsecke versammeln, ist die Stimmung erwartungsvoll. Der Eindruck herrscht vor, dass die Spielereien nun ja wohl zu Ende sind und dass jetzt die Arbeit beginnt. So falsch ist dieser Eindruck nicht, aber das muss ja nicht heißen, dass nun der Spaß vorbei ist und altbekannte Sitzungsregeln eingeführt werden. Schließlich war der erste Abend kein Trick, sondern der Hinweis auf den Stil, der auch tagsüber herrschen soll.

So beginnt es denn auch mit einer weiteren Abfrage zu den Erwartungen an diese Zusammenkunft. Die Moderatoren stellen das folgende Plakat vor:

Die Situation wird geklärt

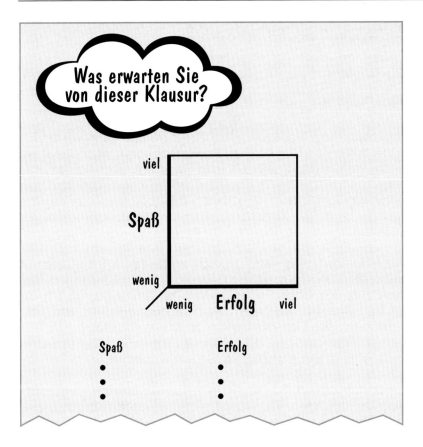

Sie erläutern, welche Bedeutung die vier Ecken des Koordinatenkreuzes haben, und fordern die Teilnehmer auf, ihren Punkt auf die Stellen innerhalb des Koordinatenfeldes zu setzen, die ihre persönliche Erwartung in Bezug auf die beiden Variablen darstellt. Sind die Punkte geklebt, dann bitten die Moderatoren die Gruppe, das Bild zu interpretieren, das sich aus dieser Kleberunde ergeben hat. Hinweise, was die einzelnen Punkte zu bedeuten haben, werden stichwortartig auf dem Plakat mitgeschrieben.

Nun ist die Gruppe »im Boot«, und die Arbeit am Problem kann beginnen. Wenn es nicht schon am Abend vorher geschehen ist, können jetzt die noch offenen Fragen zu dieser Zusammenkunft geklärt werden.

Diese Erwartungen und Bedingungen, die im Vorfeld der Klausur festgelegt worden sind, werden an den konkreten Erwartungen der Gruppe, so, wie sie heute zusammengekommen ist, gemessen.

Mögliche Unterschiede können durch eine Ein-Punkt-Frage aufgedeckt werden, die etwa so lautet: »Wie weit, glauben Sie, kann diese Gruppe die an sie gestellten Erwartungen erfüllen?« Das Punkteergebnis liefert die Möglichkeit, mit der Gruppe die in sie gesetzten Erwartungen zu diskutieren und ein vorläufiges Ziel für die gemeinsame Arbeit festzulegen.

Nun räumen die Moderatoren die bisher benutzten Pinnwände fort und holen neue, die mit leerem Packpapier bespannt sind. Auf der ersten Wand steht als Überschrift die Frage: »Worüber müssen wir in diesen Tagen sprechen?« Die Teilnehmer werden aufgefordert, ihre Antworten auf Karten zu schreiben und für jede Aussage eine neue Karte zu benutzen. Die Karten werden von den Moderatoren eingesammelt.

Während geschrieben wird, herrscht konzentrierte Stille. Jeder ist damit beschäftigt, aus seinem Gedächtnis, seinen Unterlagen, vielleicht auch aus seinem Herzen, alle die Themen herauszugraben, die für ihn mit dieser Gruppe zu diesem Zeitpunkt wichtig sind. Und jeder kann seine Gedanken liefern, ob er nun schüchtern oder vorlaut ist, »hochkarätig« in der Hierarchie oder nur ein »kleines Licht«. Jede Karte ist gleich wichtig, keine Karte wird zensiert.

Die Karten werden von den Moderatoren eingesammelt und nacheinander vorgelesen. Die Gruppe bestimmt, welche Karten zusammengehören, welche Aussagen, Wünsche, Themen, Forderungen, Vorschläge zusammenpassen. Sie werden in »Klumpen« auf den leeren Plakaten zusammengehängt, und so entfaltet sich vor der Gruppe ein erstes differenziertes Bild von dem Problemfeld, mit dem sie es in den nächsten Tagen zu tun hat. Haben alle Karten ihren Klumpen gefunden, dann werden diese mit einem Filzstift eingerahmt, und die Gruppe sucht nach dem Begriff, der den jeweiligen Klumpen gut charakterisiert. Die Begriffe werden in eine vorbereitete Liste eingetragen, und zum Staunen der Gruppe ist innerhalb einer halben Stunde eine Diskussion gelaufen, für die sonst Stunden gebraucht werden, nämlich die Verständigung darüber, worum es denn nun eigentlich geht. Und alles ohne lange Reden, ohne ermüdende Diskussionsbeiträge, ohne frustrierende Hahnenkämpfe.

Und noch etwas anderes ist jedem Einzelnen deutlich geworden, dass nämlich das Problem viel komplexer und vielschichtiger ist, als er es sich vorgestellt hat. Jeder hat seinen Aspekt deutlich gemacht, und die Summe all dieser Aspekte ist weit mehr, als sich jeder Einzelne ausdenken kann.

Bevor jedoch der »horror pleni«, das Erschrecken vor der Fülle der Themen, einsetzt, gilt es auszuwählen, wo die Schwerpunkte gesetzt werden sollen. Die Moderatoren decken eine Karte auf, die bisher verdeckt über der Themenliste gehangen hat: »An welchen Themen sollten wir anfangen zu diskutieren?« steht darauf, und das ist die Frage, die die Gruppe mit Hilfe von Selbstklebepunkten nun beantwortet. Je nach Gewicht, das der Einzelne den Themen beimisst, klebt er einen oder mehrere Punkte hinter das jeweilige Thema. Im Nu haben sich einige Themen herauskristallisiert, an denen das Problem angepackt werden soll. Die Themen mit den meisten Punkten werden mit großen Buchstaben gekennzeichnet. Was mit ihnen passiert, zeigt das nächste Kapitel.

Was heißt hier moderieren?

Die Situation wird geklärt

Diese erste inhaltliche Phase der Problemdiskussion stellt die Weichen für die gesamte Arbeit. Es ist deshalb notwendig, die Gruppe auf die gemeinsame Arbeit, die vor ihr liegt, zu konzentrieren, sie auf das Thema hin anzuwärmen. Wer überraschend ins kalte Wasser gestoßen wird, fängt an zu strampeln und tritt auf der Stelle. Nur wer sich auf seinen Start konzentriert, sich Zeit nimmt zum richtigen Absprung, kommt schnell voran.

Es gibt verschiedene methodische Möglichkeiten, diese Einstiegsphase zu gestalten. Allen gemeinsam ist, dass sie sowohl die inhaltliche als auch die emotionale Ebene ansprechen. Denn der Prozess des Arbeitens in einer Gruppe ist nicht nur sachliche Auseinandersetzung, sondern er ist immer auch begleitet von Sympathie und Antipathie, von Wünschen und Ängsten, von Offenheit und Distanz. Die Einstiegsfragen und alle anderen Transparenzfragen haben die Funktion, diese Ebene für die Gruppe verfügbar zu machen.

s. S. 121
Einstiegsfragen

s. S. 132
Transparenzfragen

Die nächste Phase, die in unserem Beispiel beschrieben ist (sie kann auch schon Bestandteil des ersten Abends sein), ist wichtig, um die Teilnehmer nicht auf einem Berg von Fragen sitzen zu lassen, die die Bereitschaft zur gemeinsamen Arbeit hindern würden. Es besteht allerdings die Gefahr, dass sich an dieser Klärung der Vorgeschichte schon die eigentliche Problemdiskussion entzündet, bevor ein Überblick über das Themenspektrum entstanden ist. Die Moderatoren tun deshalb gut daran, diese Phase möglichst kurz zu halten, die wichtigsten Aussagen auf einem leeren Plakat mitzuvisualisieren, um möglichst schnell in die zukunftsgerichtete Themensammlung einzusteigen.

Vor allem in kürzeren Veranstaltungen ist es notwendig, an dieser Stelle mit den Teilnehmern eine Verabredung über die Zeiteinteilung zu treffen. Auch dieser grobe Ablaufplan wird auf einem Plakat festgehalten und bleibt während der gesamten Zeit sichtbar hängen. Damit wird erreicht, dass die Gruppe Mitverantwortung für den zeitlichen Ablauf übernimmt und der Moderator aus der Rolle des Antreibers und Zeitjägers herauskommt.

s. S. 100 Beantwortung mit Karten

Die Kartenfrage ist wohl eine der bekanntesten und verbreitetsten Moderationstechniken, aber sie ist auch eine der schwersten. Sie verlangt von den Moderatoren einige Übung und ein gutes Zusammenspiel.

Oberstes Ziel bei der Kartenfrage ist, dass die Moderatoren der Gruppe dazu verhelfen, ihren Problemhorizont zu bestimmen. Sie dürfen deshalb den Kartenstrom der Teilnehmer nicht bremsen, auch wenn sich in ihrer Hand ein beängstigender Stapel an Karten ansammelt. Ein bis zwei Reservetafeln im Hintergrund, die zum Klumpen herangezogen werden können, nehmen den Moderatoren die Angst, mit dem Platz nicht auszukommen. Die zweite wichtige Regel ist, das Klumpen wirklich mit der Gruppe gemeinsam durchzuführen. Wenn die Moderatoren die Zuordnungen selbst vornehmen, verfällt die Gruppe schnell in Passivität und identifiziert sich nicht mehr mit dem Ergebnis.

s. S. 129 Beantwortung in Kleingruppen

Die Problemsammlung wird intensiver, wenn man statt der Kartenfrage Kleinstgruppen (Zweiergruppen) bildet, die nach einem vorgegebenen Szenario die Probleme sammeln, die diskutiert werden sollen. Die Kleinstgruppen stellen ihr Ergebnis dem Plenum vor, die Themen werden im Themenspeicher gesammelt und anschließend wie bei der Kartenfrage bewertet. Dieses Verfahren ist zwar intensiver, weil schon erste Diskussionen in den Kleinstgruppen beginnen, aber es ist auch wesentlich zeitaufwendiger, weil alle Ergebnisse der Kleinstgruppen im Plenum vorgestellt werden müssen. Außerdem sind Wiederholungen nicht zu vermeiden, was in der Vorstellungsphase leicht ermüdet. Dieses Verfahren ist aber in jedem Fall vorzuziehen, wenn eine Gruppe sehr ängstlich und ungeübt in Diskussionen ist. Die Kleinstgruppe erhöht dann das Vertrauenspotenzial der Gruppe.

Muss die Gruppe noch mit Informationen vertraut gemacht werden, die sie zur Bearbeitung der Themen braucht, so ist dies der Zeitpunkt, sie vorzustellen. Sie sollen in jedem Falle visualisiert sein.

**s. S. 92
Visualisieren**

Und Sie sollen erst nach der Problemsammlung eingebracht werden, damit die Gruppe nicht in ihrer Kreativität beeinflusst wird. Ergeben sich aus dem Informationsteil weitere Themen, so sind sie ohne Schwierigkeiten in den Themenspeicher einzufügen. Sie können dann im folgenden Bewertungsvorgang mit zur Disposition gestellt werden.

Die Bewertungsfrage müssen sich die Moderatoren genau überlegen. Die Alternativen zu unserem Beispiel sind:

- Welche Themen müssen am dringendsten behandelt werden?
- Welche Themen sind die wichtigsten?
- Weiche Themen sind am einfachsten zu behandeln?
- Bei welchen Themen können wir am ehesten praktische Lösungen erarbeiten?
- usw.

**s. S. 128
Auswahl aus dem
Themen- oder
Problemspeicher**

Welche dieser Fragen die Moderatoren wählen, hängt von dem Ziel ab, das sie erreichen wollen. In jedem Fall muss die Frage deutlich gestellt und für alle sichtbar visualisiert sein, weil sie die Entscheidung der Teilnehmer wesentlich beeinflusst.

**s. S. 60
Nägel mit Köpfen
machen**

An dieser Stelle ist es wichtig, einiges über das Rollenverständnis des Moderators zu sagen. Denn nur wenn seine eigene Rolle ihm selbst und der Gruppe ganz klar ist, kann er seine Funktion als Prozess-Steuerer erfüllen.

**s. S. 81
Verhalten des
Moderators**

Die Autorität des Moderators nährt sich aus zwei Quellen: Die eine ist seine methodische Kompetenz, das heißt, er muss die Moderation technisch beherrschen, und er muss in der Lage sein, Probleme auf der Beziehungsebene der Gruppe zu erkennen und mit ihnen umzugehen. Dazu muss er das Machtgefüge der Gruppe durchschauen, muss sich häufig zum Anwalt der »Unterprivilegierten« machen, ihnen zur Artikulation verhelfen, um Kreativität und Engagement der Gruppe voll zur Entfaltung zu bringen.

Die Situation wird geklärt

Die zweite Quelle ist seine Akzeptanz. Er muss innerhalb der Organisation, die ihn beauftragt hat, autorisiert sein, den Freiheitsspielraum, den die Gruppe hat, zu sichern. Und er muss das Vertrauen der Gruppe genießen, dass er mit der Steuerung des Gruppenprozesses keine eigenen Interessen verbindet.

Wichtigste Voraussetzung für diese beiden Beine, auf denen er steht, ist seine Neutralität. Er darf weder sachlich noch persönlich von dem Problem, das die Gruppe bearbeitet, betroffen sein, und er muss außerhalb des Machtgefüges der Gruppe stehen. Nun ist ja aber auch ein Moderator kein Eunuch, auch er hat seine Wertvorstellungen und Meinungen, die er nicht verdrängen kann und soll. Aber wenn er sie einbringt, muss er der Gruppe deutlich machen, dass er an dieser Stelle seine neutrale Position verlässt. Folgt die Gruppe ihm in seinen inhaltlichen Vorstellungen nicht, dann muss er in seine neutrale Position zurücktreten (oder die Moderation abgeben). Die Entscheidung über Ziele und Inhalte der Diskussion liegt ausschließlich bei der Gruppe.

s. S. 211 Konferenzmoderation

Eine solche Rolle ist nur schwer durchzuhalten, wenn der Moderator allein vor der Gruppe steht. Es ist deshalb unerlässlich, dass die Moderation immer von zwei Moderatoren durchgeführt wird. Ausnahmen von dieser Regel gibt es bei der Konferenzmoderation.

Eine Gruppe entsteht

Die Gruppe wird allmählich unruhig. Die lange Plenumsphase – man sitzt jetzt schon eine gute Stunde zusammen – hat die motorischen Bedürfnisse stark eingeschränkt. Außerdem sind die Teilnehmer nun »heiß«, endlich ihre Ideen und Diskussionsbeiträge loszuwerden.

Das ist eine gute Voraussetzung, um mit der Detailarbeit zu beginnen. Die Moderatoren fordern die Teilnehmer auf, sich ein Thema von den mit den Buchstaben bezeichneten, am höchsten bewerteten Themen auszusuchen, über das sie in der nächsten halben bis ganzen Stunde diskutieren möchten. Sie schreiben den Themen-Buchstaben und ihren Namen auf ein rundes Kärtchen, und ohne große Schwierigkeiten finden sich die Kleingruppen zusammen, um nun miteinander zu arbeiten. Da nicht mehr als fünf Personen eine Kleingruppe bilden, kann sich jeder beteiligen und seinen Teil zum Gelingen der Arbeit beitragen.

Bevor die Kleingruppen mit ihrer Arbeit beginnen, stellen die Moderatoren ihnen ein »Szenario« vor. Es soll den Kleingruppen helfen, ihr Gespräch zu strukturieren. Es ist der Situation angepasst, in der sich die Gruppe befindet, und hat die Aufgabe, zu einer präziseren Problembeschreibung, zu einer differenzierten Betrachtungsweise zu führen.

Das Szenario sieht etwa folgendermaßen aus:

Thema A:

Beschreibung des Problems	Wünsche
• • • •	• • • •
Widerstand	**Beiträge des Plenums**
• • • •	• • • •

Geschäftigkeit bricht aus. Tafeln werden geholt, in den Ecken zusammengestellt, mit Packpapier bespannt. Die Teilnehmer versorgen sich mit frischen Getränken und setzen sich voller Erwartungen in den durch Tafeln abgeschirmten Kleingruppenkuhlen zusammen. Das zunächst etwas störende Stimmengewirr im Raum wird bald nicht mehr wahrgenommen, denn die Konzentration richtet sich schnell auf das, was in den Kleingruppen passiert.

Die Moderatoren gehen von Gruppe zu Gruppe und helfen, Startschwierigkeiten zu überwinden. Sie sorgen dafür,

▪ dass die Kleingruppen möglichst schnell ihre Diskussion (lesbar!) mitvisualisieren. Damit spinnt sich die Kleingruppe ihren eigenen roten Faden;
▪ dass die Gruppe sich nicht in eine Meinungsverschiedenheit verbeißt, sondern den Punkt, über den weiter diskutiert werden muss, mit einem Blitz versieht und zum nächsten Punkt übergeht;

- dass die Probleme so konkret wie möglich angesprochen und aufgeschrieben werden;
- dass nicht gleich an die Lösungen gedacht wird, sondern mehr Gewicht auf die gemeinsame (oder trennende) Problemsicht gelegt wird;
- dass die Teilnehmer lernen, einander zuzuhören, und die technischen Hilfsmittel der Moderation zu ihrem eigenen Nutzen einsetzen.

Der Gruppe fällt das Eingreifen der Moderatoren kaum auf, denn sie sind nur Helfer, nicht Diskussionsleiter. Sie präsentieren keine langen Listen mit Spielregeln, sondern helfen der Gruppe von Fall zu Fall über die Klippen. Und sie ziehen sich wieder zurück, wenn die Kleingruppe ihren Faden wiedergefunden hat.

Bevor die Kleingruppenergebnisse im Plenum vorgestellt werden, haben die Moderatoren noch eine Frage vorbereitet:

Das Punkteergebnis zeigt, dass die Teilnehmer mit ihren sachlichen Ergebnissen noch nicht recht zufrieden sind, dass aber die Kommunikation in den Gruppen als gut empfunden wurde. Nur einige Ausreißerpunkte gibt es. Sie bieten die Gelegenheit, kurz darüber zu sprechen, was in der Kleingruppe los war, wie die Gruppe sich selbst an einer guten Arbeitsatmosphäre behindert hat. Einige Stichworte auf dem Frageplakat halten das Gespräch fest: Das Unbehagen ist aufgedeckt, die Aufmerksamkeit des Plenums ist nun auf die Arbeitsergebnisse der Kleingruppen gerichtet.

Die Kleingruppenergebnisse werden jeweils von zwei Gruppenmitgliedern vorgestellt, die sich abwechseln, ergänzen, unterstützen. Die Moderatoren bitten die übrigen Plenumsmitglieder, ihre Beiträge auf Kärtchen festzuhalten und diese im Anschluss an die Präsentation in den freien Raum auf das Plakat zu hängen. Sie nennen das »schriftlich diskutieren« und erreichen damit, dass die Präsentation nicht ständig unterbrochen wird, dass aber dennoch alle Beiträge erhalten bleiben.

An den Ergebnissen der Kleingruppen entzünden sich zum Teil heftige Diskussionen. Die Wortführer versuchen, die Diskussion an sich zu ziehen, die Stillen lehnen sich resignierend in ihre Stühle zurück. Die Moderatoren unterbrechen solche Plenumsdiskussionen und ergänzen den Themenspeicher um die Themen, die die Diskussion ausgelöst haben. Das schafft bei dem einen oder anderen, der sich sehr engagiert hat, Frustrationen; aber die Moderatoren versuchen, der Gruppe klarzumachen, dass das Festbeißen an einem beliebigen Punkt die Breite der Diskussion einschränkt, die bisher erreicht wurde, und dass doch bitte die Gruppe als ganze entscheiden solle, worüber im nächsten Schritt intensiver nachgedacht werden sollte. Das beruhigt die Teilnehmer, erste Zweifel an dem Vorgehen der Moderation bleiben jedoch bestehen. Damit müssen Moderatoren und Teilnehmer zunächst einmal leben.

Der Themenspeicher wird auch ergänzt um die Punkte, über die die Gruppe keine Einigkeit erzielt hat und über die deshalb weiter gesprochen werden sollte. Daraus müssen nicht immer neue Themen entstehen. Es kann sich auch um die stichwortartige Ergänzung schon vorhandener Themen handeln.

Der Themenspeicher ist nun auf 30 bis 40 Punkte angewachsen, und den Teilnehmern schwirren die Köpfe. Die Übersicht geht verloren. Das Problem, das heute Morgen noch so klar strukturiert zu sein schien, wächst sich zu einem Ungeheuer aus, das die

Menschen zu verschlingen droht. Die Stimmung wird entsprechend missmutiger.

Die Moderatoren schieben ein »Blitzllicht« ein: Jeder Teilnehmer sagt kurz, wie er sich im Moment fühlt. Sie fordern ihn auf, nur von sich, nicht von den anderen zu sprechen, nicht anderen auf ihre Blitzlichter zu antworten. Die Blitzlichter drücken ein gewisses Maß an Erschöpfung und Ratlosigkeit aus. Aber sie machen auch deutlich, dass es keinen Weg zurück gibt in die alten Diskussionsstrukturen. Zu sehr hat sich die Kommunikation schon verändert, als das irgendjemand nach dem starken Mann rufen würde, der die Sache in die Hand nimmt und von der Verwirrung entlastet. Die Teilnehmer spüren, dass aus den Einzelpersonen eine Gruppe entstanden ist, die ihre Probleme selbst lösen kann, die auch durch die Tiefpunkte gemeinsam hindurchgehen will.

Nun ist wieder Energie vorhanden, sich erneut mit dem Themenspeicher auseinanderzusetzen. Neuerlich werden Punkte verteilt, die Moderatoren stellen eine neue Bewertungsfrage: »Mit welchen Themen müssen wir uns jetzt beschäftigen?«

Wieder werden Schwerpunkte sichtbar, werden Kleingruppenthemen ausgewählt, werden Kleingruppen gebildet. Die Kleingruppen arbeiten nach demselben Szenario wie vorher, aber es wird deutlich, dass die Gruppen nun geübter sind: Die Schriften werden deutlicher lesbar, die Aussagen prägnanter, die unterschiedlichen Auffassungen werden klarer sichtbar. Was in der ersten Runde noch hingeschludert war, wird jetzt ernsthafter besprochen.

Die anschließende Vorstellung im Plenum zeigt, dass mit den konkreteren Ergebnissen schon mehr anzufangen ist. Einige Themen können als abgeschlossen betrachtet werden, andere weisen auf neue, in der »Problemgeologie« tiefer liegende Schichten hin, die nun in Angriff genommen werden können. So etwas wie Euphorie bemächtigt sich der Gruppe: Sie ist durch ein Wellental hindurchgegangen, hat nicht aufgegeben, hat gelernt, was auch schon Münchhausen wusste, dass man sich nämlich am eigenen Schopf selbst aus dem Dreck ziehen kann.

Das ist ein guter Zeitpunkt für die Moderatoren, der Gruppe die Gelegenheit zu geben, sich über ihren Zustand klar zu werden. So stellen sie folgende Ein-Punkt-Frage:

Das Punktergebnis streut breit. Die Skeptiker, die sich im verbalen Gespräch nicht geäußert haben, machen deutlich, dass sie nicht ganz so euphorisch sind. Es bietet sich an, mit der Gruppe zu besprechen, was am nächsten Tag unbedingt passieren sollte, und nachdem auch die verschiedenen Vorstellungen sichtbar geworden sind, hat sich die Gruppe eine Entspannung verdient.

Es ist Zeit für das Abendessen, für das die Raumatmosphäre wieder dem vergangenen Abend angepasst wird: gedämpfte Beleuchtung, die Pinnwände werden beiseite geschoben, Hintergrundmusik erleichtert es, sich in eine neue Stimmung zu versetzen. Das gemeinsame Abendessen erlaubt es, in lockerer, unstrukturierter Form die Erfahrungen des Tages auszutauschen. Langsam schwinden die inneren Spannungen, und die Teilnehmer merken, wie anstrengend dieser so locker abgelaufene Tag für sie war.

Am Abend besteht das Bedürfnis, noch zusammenzubleiben, etwas miteinander zu tun. Die Moderatoren bieten dafür Spiele an, bei denen man in entspannter Form die Kommunikationserfahrungen des Tages nachvollziehen, Schwierigkeiten aus- (an-)sprechen und Wünsche an Einzelne oder an die Gruppe formulieren kann. Die Gruppe findet sich dazu in der Sitzecke zusammen, ohne Pinnwände, Packpapier und Filzstifte: Aus der Arbeitsatmosphäre ist eine zwanglose Gesprächsatmosphäre entstanden.

Was heißt hier moderieren?

Die Gruppenbildung erfolgt auf beiden Handlungsebenen parallel: der inhaltlichen Ebene, auf der das sachliche Problem bearbeitet wird, und der Beziehungsebene, auf der die Kommunikationserfahrungen gesammelt werden. Aufgabe der Moderatoren ist es, der Gruppe beide Ebenen, ihren Zusammenhang und ihre gegenseitige Beeinflussung, vor Augen zu führen. Nur so kann die Gruppe – und jeder Einzelne in ihr – seinen Teil an Verantwortung für den gesamten Prozess übernehmen.

Auf der Sachebene vollzieht sich in unserem Beispiel zunächst einmal eine Aufspaltung der Diskussionsschwerpunkte in Kleingruppen. Damit soll dreierlei erreicht werden:

- In Kleingruppen bis zu fünf Personen ist die Kommunikation von jedem mit jedem noch möglich. So kann jeder an dem Gespräch teilnehmen und seine Interessen einbringen. Gruppen, die größer sind, neigen dazu, wieder in Untergruppen zu zerfallen.
- Das parallele Diskutieren von Themen hat darüber hinaus einen Rationalisierungseffekt: Während im Plenum immer nur ein Thema zur Zeit diskutiert werden kann, können in Kleingruppen gleichzeitig vier bis fünf Themen angegangen werden. Die Vereinigung findet dann später im Plenum wieder statt.
- Jeder Teilnehmer kann sich den Problemaspekt heraussuchen, der ihm am wichtigsten erscheint. Dadurch entsteht eine wesentlich größere Bereitschaft, Energie in die Diskussion zu pumpen, als bei »verordneten« Themendiskussionen.

Es gibt auch noch andere Formen als die hier gezeigte problemorientierte Kleingruppenbildung. Sie werden im Methodenteil näher beschrieben.

Mit den Szenarien steuern die Moderatoren die Kleingruppenarbeit. Sie müssen deshalb ausgerichtet sein auf das Ziel, das mit der Gruppe erreicht werden soll. In der Anfangsphase, in der es darum geht, die Komplexität des Themas auszuweiten, sollten Begriffe wie »Lösungsvorschläge«, »Aktivitäten«, »erste Schritte« vermieden werden. Vorzuziehen sind dagegen Begriffe wie »Problembeschreibung«, »offene Fragen«, »Konflikte« usw. In der Schlussphase sollen dann die handlungsorientierten Szenarien überwiegen. Welche Szenarien es im Einzelnen gibt, wird im Methodenteil dargestellt.

Eine Gruppe entsteht

s. S. 130
Regeln für die Kleingruppenarbeit

s. S. 105
Beantwortung in Kleingruppen

s. S. 114
Kleingruppenszenarien

Eine Gruppe entsteht

**s. S. 130
Regeln für die
Kleingruppenarbeit**

Während der Kleingruppenarbeit ist es wichtig, dass die Moderatoren wirklich neutral bleiben. Wenn sie versuchen, der Gruppe ein bestimmtes Ergebnis einzureden, kommt das böse Erwachen im Plenum, wenn sich die Gruppe mit ihrem Ergebnis nicht mehr identifiziert und deutlich wird, dass der Moderator hier inhaltlich eingegriffen hat. Das kann ihn viel Vertrauen in der Gruppe kosten.

Vor allem in der Anfangsphase sollte die Kleingruppenarbeit nicht zu lange dauern. In der Regel reicht eine halbe bis dreiviertel Stunde. Die Gefahr bei längerer Dauer besteht darin, dass die Kleingruppe in der Diskussion schon zu weit fortschreitet und den Anschluss an das Plenum verliert. Das führt leicht zu hartnäckigem Verteidigen der Gruppenergebnisse im Plenum und damit zu geringerer Offenheit der Diskussion.

Eine kritische Phase der Kleingruppenarbeit tritt ein, wenn sich die Teilnehmer an einer Meinungsverschiedenheit festbeißen. Auch wenn der Moderator in dieser Phase nicht in der Gruppe ist, merkt er es daran, dass in diesem Zustand keiner mehr visualisiert – ein Hinweis für ihn, einzugreifen und die Gruppe auf die Regel aufmerksam zu machen, mit der sie ihre Auseinandersetzung vertagen kann. Wir haben häufig erlebt, dass sich ein Konflikt, der in einer Kleingruppe heftig diskutiert wurde, später als völlig belanglos herausgestellt hat. Es geht in der Kleingruppe nicht darum, völlige Übereinstimmung zu erreichen, sondern das Feld abzustecken, in dem sich die Teilnehmer einigen müssen, um später gemeinsam handeln zu können. Völlige Übereinstimmung in den wichtigen Punkten ist ohnehin meist nur durch Vergewaltigung zu erzielen!

Eine Gruppe entsteht

In der Plenumsphase, in der die Kleingruppen vorgestellt werden, müssen die Moderatoren vor allem auf Tempo achten. Meist sind in der ersten Phase die inhaltlichen Ergebnisse noch nicht so aufregend, dafür ist das Selbstdarstellungsbedürfnis der Präsentatoren umso größer. Wer gerade am Reden ist, hat selten ein Gefühl dafür, wie ermüdend seine Weitschweifigkeit ist. Eine ausufernde Diskussion im Plenum lässt sich gut mit dem Hinweis auf das »schriftliche Diskutieren« vermeiden und mit der Erklärung, dass ja alle Plakate im späteren Simultanprotokoll festgehalten werden. Das »schriftliche Diskutieren« gibt – wie die Kartenfrage – auch den Schüchternen Gelegenheit, sich an der Diskussion zu beteiligen.

s. S. 155
Simultanprotokoll

Wenn eine Phase inhaltlicher Diskussion abgeschlossen ist, gibt es immer eine gute Gelegenheit, den abgelaufenen Kommunikationsprozess noch einmal zu reflektieren. Dazu bieten sich verschiedene Ein-Punkt-Fragen an, zum Beispiel:

- Wie offen können wir hier miteinander reden?
- Haben wir schon den richtigen »Biss« auf unser Problem?
- Wie ist Ihre Stimmung im Moment?

Alle diese Transparenzfragen sind nur sinnvoll, wenn der Moderator sie zum Anlass nimmt, sie mit der Gruppe auszuwerten und die wichtigsten Stichworte auf dem Plakat festzuhalten.

Spürt der Moderator ernsthafteres Unbehagen, dann bietet sich ein Blitzlicht in der Form an, wie es im Beispiel beschrieben ist.

s. S. 135
Herstellen von Transparenz auf der Beziehungsebene

Die Stimmung, die in unserem Beispiel nach der Vorstellung der Kleingruppenergebnisse geschildert worden ist, ist nicht untypisch. Sie beruht darauf, wie die folgenden Kurven illustrieren, dass die zunehmende Komplexität ein Unbehagen auslöst, dass das Problem, je mehr es sich ausweitet, desto unlösbarer erscheint und dass die gewohnten Ordnungs- und Entscheidungsstrukturen durcheinandergeraten. Für Moderatoren ist das oft eine beängstigende Situation, und sie sind versucht, von ihrem Konzept abzuweichen und die uralte Plenumsdiskussion wieder auferstehen zu lassen. Wenn sich Moderatoren dieses Zusammenhangs bewusst sind, können sie vielleicht auch depressive Phasen mit der Gruppe leichter durchhalten.

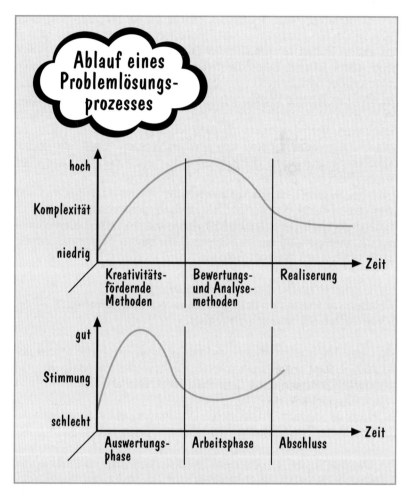

s. S. 171 Abendgestaltung

Für den Gruppenprozess ist es hilfreich, wenn die Gruppe abends noch zu gemeinsamer Aktivität zusammenbleibt, die es erlaubt, das Tagesgeschehen in anderer Form aufzugreifen. Kegelabende oder Trinkgelage mögen entspannend sein, schieben aber meist die Erlebnisse des Tages eher beiseite, als dass sie zur Verarbeitung von Erlebnissen führen. Im Methodenteil sind Hinweise zur Abendgestaltung enthalten.

Und ein letzter Hinweis: Der erste volle Tag ist für die Moderatoren meist der anstrengendste. Sie sollten darauf achten, dass sie für sich genügend Energie auftanken, um am nächsten Tag voll einsatzfähig zu sein. Wie das nächste Kapitel zeigt, braut sich nämlich einiges zusammen!

Die Gruppe arbeitet, und die Problemwolke verdichtet sich

Der Raum steht voller Pinnwände, behängt mit Kartenfragen, Kleingruppenergebnissen, Themenspeichern, Stimmungskurven. Wer in diesem Augenblick den Raum neu betritt, hat den Eindruck eines unübersichtlichen Chaos – und den Teilnehmern geht es nicht viel anders. Gestern haben sie an einem – ihnen nun recht beliebig erscheinenden – Punkt ihr Problem angepackt, aber wenn sie sich jetzt ihre Arbeitsergebnisse ansehen, dann will alles nicht mehr so recht plausibel erscheinen. Der Themenspeicher, in dem sie ihr Problem zerlegt haben, scheint ihnen abstrakt, schlagworthaft; die Kleingruppenergebnisse sind banal und nichtssagend.

Gestern haben sie sich noch den Moderatoren anvertraut, die ja die Experten sind und die die Gruppe schon sicher durch Ober-, Unter-, Haupt- und Nebenprobleme steuern werden. Aber kann man ihnen wirklich vertrauen? Schließlich verstehen sie von unseren Problemen nichts, haben keine Ahnung, welche Lösung richtig, welche falsch ist, retten sich offensichtlich, wenn sie nicht mehr weiterwissen, in diese läppischen Karten und Klebepunkte und sind sich darüber hinaus noch so unverschämt sicher.

Hier muss etwas geschehen, sonst geht das Ganze den Bach hinunter, sonst kommt nichts heraus, und die ganze Zeit wird nur mit albernen Spielchen vertan. An dieser Stelle fühlen sich als Erste die Systematiker aufgerufen, Ordnung in das Chaos zu bringen. Sie schlagen vor, doch nun einmal das ganze Problem grundsätzlich anzupacken. Und schon hebt einer von ihnen zu einem längeren Vortrag an, um den anderen zu erklären, wie das Problem anzupacken und zu lösen sei.

Die Mehrheit der Gruppe ist ihm dafür dankbar. Enthebt er sie doch der Verantwortung, sich selbst mit ihrem Unbehagen auseinanderzusetzen. Wenn jetzt einer die Richtung angibt, dann kann man sich ja immer noch entscheiden, ob man ihm folgen will.

Aber die Moderatoren stören diesen friedlichen Ablauf. Sie sehen, wie sich die Mehrzahl der Gruppenteilnehmer behaglich zurücklehnt, ihre Aktivität an den neuen Gruppenführer abgibt und damit aus dem aktiven Prozess aussteigt. Wenn es jetzt den Moderatoren nicht gelingt, die ganze Gruppe wieder einzubeziehen, dann wird bald alles wieder nach herkömmlichem Muster ablaufen, wird einer sagen, »wo es langgeht«, und die anderen werden sich hinterher, wenn es an die Konsequenzen geht, vorsichtig aber zielstrebig abseilen.

Die Moderatoren unterbrechen den Alleinunterhalter und schieben eine Ein-Punkt-Frage ein: Auf einer Skala von »+ +« bis »– –« sollen alle angeben: »Haben wir unser Problem im Griff?« Jeder Teilnehmer bekommt einen Punkt und klebt ihn auf das schnell vorbereitete Plakat. Die meisten Punkte erscheinen im 0-Bereich. »Woran liegt das?« fragen die Moderatoren und schreiben die Antworten, die aus der Gruppe kommen, stichwortartig auf dem Frageplakat mit:

- oberflächliche Diskussion
- unsystematische Arbeit
- Mangel an entscheidenden Informationen
- unklare Zielvorstellungen
- bisher nur an harmlosen Aspekten gearbeitet
- Ross und Reiter nennen.

Aber es melden sich auch positive Stimmen:

- Vielfalt des Problems wurde sichtbar
- Vorstellungen der anderen kennengelernt
- viele Aspekte parallel behandelt.

Die Moderatoren machen nun den Vorschlag, auf verschiedenen Ebenen weiterzuarbeiten:

Eine Gruppe könnte einmal eine Übersicht über den bisherigen Stand der Diskussion schaffen, indem sie eine Problemlandschaft herstellt, eine visualisierte Landkarte der Problemzusammenhänge. Eine andere Gruppe könnte das bisher erarbeitete Material sichten und herausarbeiten, welche Informationen fehlen, um dann gezielt weiterzuarbeiten. Eine dritte Gruppe könnte an einem wichtigen Problemaspekt weiterarbeiten und ihn konkretisieren.

Es entspinnt sich eine Methodendiskussion. Vor allem der Systematiker, der schon so schön am Zuge war, fühlt seine frisch erworbene Führerrolle schwinden. Er hält das alles für zu umständlich, wo (ihm!) doch inzwischen klar ist, wie es weitergehen muss. Aber die vorher so passiven Gruppenmitglieder sind nun aufgewacht, möchten sich nicht mehr ausklinken und dem einen den ganzen Ablauf überlassen.

Die Arbeitsalternativen werden auf ein Plakat geschrieben, und jeder Teilnehmer bekommt ein rundes Kärtchen, auf das er seinen Namen schreibt. Er heftet es neben die Alternative, die er im nächsten Arbeitsschritt für sich wählt. Es stellt sich heraus, dass je eine Gruppe an dem Problemszenario und an der Informationssammlung arbeiten will und zwei Gruppen Probleme weiter diskutieren möchten.

Den beiden Problembearbeitungsgruppen geben die Moderatoren folgendes Szenario:
Was ärgert/stört; worin besteht der Konflikt; welche Widerstände stehen der Konfliktlösung entgegen
a) in der Gruppe,
b) im Unternehmen?

Die Kleingruppe, die das Informationsdefizit aufdecken soll, bekommt folgendes Szenario:
Was sind die wichtigsten Problemaspekte; was wissen wir schon; was müssen wir wissen; wer kann/muss uns informieren?

Der vierten Gruppe, die die Problemlandschaft erstellen will, hilft ein Moderator beim Visualisieren.

Was heißt hier moderieren?

Die Gruppe arbeitet, und die Problemwolke verdichtet sich

Am ersten Tag haben die Teilnehmer noch den Eindruck, das Ende der Klausur sei eine Ewigkeit entfernt. Am zweiten Tag (nur noch eine Übernachtung!) rückt das Ende in eine überschaubare Nähe. Das löst Angst aus, Angst, dass eine einmalige Gelegenheit vertan wird. Menschen, die Angst haben, neigen dazu, zu alten, bewährten Verhaltensmustern zurückzukehren. (»Lieber den Spatz in der Hand als die Taube auf dem Dach«.) Das ist in unserem Beispiel passiert. Die hierarchischen Gruppenstrukturen, die am ersten Tag außer Kraft gesetzt waren, drohen wieder durchzuschlagen: Einer soll den Ton angeben, und die anderen werden ihm mehr oder weniger bereitwillig folgen.

s. S. 132 Transparenzfragen

Dies ist eine kritische Stelle der Moderation. Gelingt es den Moderatoren an dieser Stelle nicht, die Gruppe wieder zu aktivieren, ihr Selbstbewusstsein zu vermitteln, dann wird in der Tat die ganze Anstrengung umsonst sein. Und nicht nur das: Die Gruppe wird den Eindruck haben, versagt zu haben, und es wird ihr schwerfallen, eine solche Offenheit wieder herzustellen, wie sie sie bis zu diesem Zeitpunkt gewonnen hat.

Das Instrument, mit dem der Moderator eingreifen kann, ist, der Gruppe ihr Unbehagen sichtbar zu machen, ihr ein Mittel an die Hand zu geben, mit dem sie mit ihrer Depression umgehen kann. Wichtig ist dabei, dass der Moderator an dieser Stelle nicht seine Vermutungen erläutert – das kann von der Gruppe leicht als eine Publikumsbeschimpfung verstanden werden –, sondern das Vermuten und Spekulieren über den Stand der Dinge den Teilnehmern überlässt.

In unserem Beispiel schlägt der Moderator eine Ein-Punkt-Frage vor, die der Gruppe erlaubt, sehr schnell das Meinungsspektrum zu erkennen, und die Anlass bietet, darüber zu sprechen. Dieses »Darüber-sprechen-Können«, dieses Wahrnehmen der Gruppensituation ist der Treibstoff, mit dem der Gruppenmotor wieder in Gang gesetzt wird. Er hätte aber auch ein Blitzlicht wählen und damit einen ähnlichen Effekt erzielen können.

Auf diese Weise übernimmt die Gruppe wieder Verantwortung für den Konflikt, den sie schon beinahe an den Systematiker abgegeben hatte. Sie ist nun bereit, die Vorgehensvorschläge der Moderatoren zu bedenken und zu prüfen, wie weit sie ihr helfen.

In unserem Beispiel ist die Situation relativ schnell und elegant gelöst worden. Nicht immer geht das so einfach. Häufig sind die »neuen Hierarchen« hartnäckiger, ist die Gruppe weniger in der Lage, den Vorschlägen der Moderatoren zu folgen. Eine der typischen Fallen, in die der Moderator an dieser Stelle tappen kann, ist, sich in eine Methodendiskussion verwickeln zu lassen. In diesem Fall wird der Konflikt nämlich nicht offen ausgetragen, sondern auf einen Nebenkriegsschauplatz verlagert. Die Gruppe äußert dann ihr mangelndes Vertrauen gegenüber den Moderatoren nicht direkt, sondern an einem scheinbar sachlichen, neutralen Diskussionsgegenstand.

s. S. 61
Verhalten des Moderators

Dass die Moderatoren in unserem Beispiel die Gruppe so schnell wieder an die Arbeit gebracht haben, liegt hauptsächlich daran, dass ihr Arbeitsvorschlag sich konkret den auf dem Plakat aufgelisteten Unbehagensäußerungen anschließt. Mangelnde Übersicht, mangelnde Information und Oberflächlichkeit wurden als Unbehagen genannt, und genau darauf bezieht sich die Kleingruppenarbeit, die die Moderatoren vorschlagen.

s. S. 141
Konfliktbearbeitung

Dieses Vorgehen verlangt von den Moderatoren viel Flexibilität, denn es kann durchaus sein, dass sie etwas ganz anderes vorhatten. Sie müssen spontan einen neuen Vorschlag machen können, der es ihnen erlaubt, das Ziel zu erreichen. Hierbei wird deutlich, wie notwendig es ist, zu zweit zu moderieren. Denn zum einen neigen Einzelmoderatoren dazu, an ihrem einmal ausgearbeiteten Konzept festzuhalten, weil sie keinen Gesprächspartner haben, mit dem sie ihr eigenes Unbehagen, ihre eigenen Zweifel austauschen können. Zum anderen verlangt die spontane Umstellung eines Ablaufs immer auch eine Menge technischer Aktivitäten (neue Tafel holen und mit Packpapier bespannen, Frage visualisieren usw.), während gleichzeitig die Gruppe »unterhalten« werden muss.

Aber es ist nicht nur der Zeitdruck, der der Gruppe Angst macht. In der Tat erscheinen häufig die ersten Kleingruppenarbeiten in ihrem sachlichen Ergebnis banal und abgestanden. Das ist aus dem im vorigen Kapitel beschriebenen Gruppenbildungsprozess nur zu verständlich. Denn im Vordergrund der Arbeit des ersten Tages stehen die emotionalen Beziehungen in der Gruppe. Während dieser Zeit stehen die sachlichen Aspekte eher im Hintergrund, ohne dass die Teilnehmer das merken.

Da sich aber diese wichtigen emotionalen Prozesse auf den Plakaten nicht niederschlagen, sind die Teilnehmer am zweiten Tag häufig enttäuscht darüber, dass bisher nichts »herausgekommen« ist. Denn

**s. S. 61
Verhaiten des
Moderators**

in unserem leistungsorientierten Normensystem wird die Bewältigung emotionaler Gruppenprozesse nicht belohnt, gilt das Sich-Kennenlernen nicht als Arbeit, die honoriert wird. Gleichwohl ist dieser Prozess Voraussetzung dafür, dass die sachlichen Ergebnisse eine neue Qualität bekommen. Und einen dritten Zusammenhang gilt es anzusprechen: Jeder, der sich mit Kreativität beschäftigt, weiß, dass neue Ergebnisse nur entstehen können, wenn vorhandene Denkstrukturen durchbrochen, bekannte Systematik beiseite geschoben werden. Eines der Mittel, mit dem dieser Effekt erzielt wird, ist die Verwirrung, das Chaos. (Dass das Chaos der Nährboden der Schöpfung ist, haben schon die alten Griechen gewusst, aber es ändert nichts daran, dass es immer wieder Ängste auslöst.) Für die Moderation ist die Stufe der Verwirrung also nicht ein Übel, das so schnell wie möglich beseitigt werden muss, sondern sie ist eine Voraussetzung und Chance dafür, dass die Gruppe wirklich neue Lösungen und Kooperationsformen findet. Gruppen, die durch diese Verwirrung nicht hindurchgegangen sind, erreichen in der Regel ein sehr viel schlechteres Ergebnis.

Für den Moderator ist dieser Vorgang schwieriger, als er hier beschrieben ist. Denn der Moderator ist ja auch Teilnehmer der Gruppe, er hat keinen Panzer, mit dem er sich gegen depressive Gruppenstimmung schützen kann (hätte er ihn, dann würde er diese nicht bemerken und also auch nicht darauf reagieren können). Wir haben es an uns selbst immer wieder erlebt, dass wir in dieser Phase von der Depression der Gruppe mitgerissen wurden, dass wir selbst nicht mehr daran glaubten, das Steuer herumwerfen zu können, obwohl wir uns immer wieder »im Kopf« klarmachten, was hier passiert. Auch dazu, um sich in einer solchen Situation gegenseitig zu stützen, ist es notwendig, zu zweit zu moderieren.

Krise und Höhepunkt: Der Problemhorizont lichtet sich

Die Kleingruppen haben verbissen gearbeitet. Wenig Gelächter war zu hören, dafür wurde viel Material verbraucht. Viele Plakate wurden vollgeschrieben, und die Gruppe, die die Problemlandschaft erarbeitet hat, hat auf dem ganzen Register der Visualisierung gespielt.

Als erste Gruppe präsentiert sie ihre Problemlandschaft. Ihr ist alles klar, sie weiß, wo es langgeht und welche Lücken noch bestehen. Umso größer wird das Misstrauen des Plenums, es findet seine Erlebnisse nicht in der Problemlandschaft wieder. An beliebigen Punkten entstehen Diskussionen, ohne dass der Widerstand recht klar wird. Die Moderatoren kennzeichnen die kontroversen Punkte mit Konfliktpfeilen, versuchen, extensive Plenumsdiskussionen zu vermeiden. Als zweite Gruppe stellt eine der Problemgruppen ihr Ergebnis vor. Wieder setzt an einigen Punkten eine heftige Diskussion ein. Karten werden kaum mehr geschrieben. Zwei Teilnehmer ziehen die Diskussion an sich, der Rest sitzt mit düsteren Gesichtern da. Auf den Stirnen steht förmlich der Satz geschrieben: »Das haben wir uns ja gleich gedacht, dass das Ganze in einer Sackgasse endet!«

Aus der Diskussion wird ein Streitgespräch. Es ist immer weniger erkennbar, worum es eigentlich geht. Offenbar ist die Sache selbst ganz nebensächlich geworden, aber was ist denn nun eigentlich wichtig? Einige Versuche der Moderatoren, klärend einzugreifen, werden von der Gruppe abgeblockt. Methode und Moderatoren werden zu Sündenböcken für die verfahrene Situation gemacht. Gefühle wie Ängste und unerfüllte Wünsche werden hinter Scheinargumenten versteckt, die Sprache wird unversöhnlicher, härter, abstrakter. »Man«-Aussagen nehmen zu, keiner spricht mehr per »ich« oder »Sie«, die Art der Kommunikation raubt den Teilnehmern sichtbar ihre Energie.

Die Moderatoren versuchen, so gut wie möglich die Argumente auf einem leeren Plakat mitzuvisualisieren. Als der Dampf aus dem Streitgespräch heraus ist, bieten die Moderatoren ein Blitzlicht an. Das Unbehagen wird dabei deutlich, aber für viele Teilnehmer sind Gefühls- und Sachebene nicht zu trennen: Sie flechten ihre sachliche Position in das Blitzlicht ein. Der Inhaltskonflikt ist also nicht gelöst!

Die Moderatoren schlagen ein Pro- und Kontraspiel vor. Schon der Begriff »Spiel« bringt einige Protagonisten auf die Palme, aber die Mehrheit nimmt das Angebot an – vielleicht, weil sie in dieser Situation jedes Angebot annehmen würde, das aus der Sackgasse herausführt.

Je zwei Vertreter der einen und der anderen Position setzen sich einander gegenüber und werfen sich abwechselnd in schneller Reihenfolge ihre Argumente an den Kopf. Alles ist erlaubt, auch Verbalinjurien, nur der tätliche Angriff ist ausgeschlossen. Kurze, zugespitzte Formulierungen und schnelles Tempo bringen eine Aufladung und dann ein Ausagieren des aufgestauten Drucks. »Auskotzen«, beleidigende Worte, überspitzte Formulierungen, Unsachlichkeit, erhöhte Lautstärke – lauter Verhaltensweisen, die normalerweise verboten sind, wirken wie eine ritualisierte Reinigung.

Nach drei bis vier Minuten tauschen die Kontrahenten die Plätze und vertreten nun die gegenteilige Auffassung mit gleicher Vehemenz. Das wirkt eher komisch als ernsthaft. Die Beleidigungen werden gesteigert, lösen sich in befreites Lachen. Die neu entstandene Energie hat den Druck gelöst und die Atmosphäre gereinigt. Die Energie kann wieder frei fließen. Bevor die inhaltlichen Ergebnisse diskutiert werden, werden im Plenum die Erfahrungen mit dem Spiel ausgetauscht.

Die Moderatoren haben die Argumente beider Seiten mitvisualisiert. Nun bewerten die Teilnehmer mit Punkten, welche Argumente ihnen auf beiden Seiten am wichtigsten erscheinen. Argumente von beiden Positionen werden aufgelistet und lassen den gemeinsamen Lösungsansatz erkennen: Aus der Unversöhnlichkeit ist erneut ein gemeinsamer Problemhorizont entstanden.

Nun ist auch wieder Bereitschaft vorhanden, sich die übrigen Kleingruppenergebnisse anzuhören. Sie werden relativ schnell abgehandelt: Die Vergangenheit ist nicht mehr interessant; was an neuen Ideen, an Informationswünschen, an neuen Problemansätzen übrig bleibt, wird wieder aufgelistet und kann im nächsten Kleingruppenprozess bearbeitet werden. Ganz nebenbei werden Informationswünsche befriedigt, auf die einige Teilnehmer schon seit eineinhalb Tagen warten.

Die Gruppe hat nun die Kraft und das Selbstvertrauen, sich auch den schwierigen Themen zuzuwenden. Problemlösungen, die vorher unerreichbar schienen, fallen ihnen nun wie reife Früchte in den Schoß. Im Plenum werden die Themen neu verteilt, und Kleingruppen arbeiten an den verschiedenen Problemaspekten. Die Moderatoren geben ihnen jetzt ein lösungsorientiertes Szenario, das heißt, sie fordern sie auf, über Lösungsvorschläge und erste Schritte zu ihrer Realisierung nachzudenken. Diese bilden den Grundstock für den Tätigkeitskatalog, der morgen erarbeitet werden soll.

Der Arbeitstag endet wieder mit einer Ein-Punkt-Frage: »Sind wir heute weitergekommen?«

Die Punkte erscheinen überwiegend im »+ +« und »+« Bereich. Diese Frage bietet die Gelegenheit, noch einmal darüber nachzudenken, was heute passiert ist. Die schärfsten Kontrahenten lassen durchblicken, dass sie froh darüber sind, »aus ihrer Ecke herausgeholt« worden zu sein.

Die Teilnehmer sind nach diesen Erlebnissen angeregt, aber erschöpft. Einige wollen von Stellwänden und Filzstiften nichts mehr sehen, andere möchten weiterarbeiten, um ein Ergebnis zustande zu bringen, das sie sich wünschen. Es kommt deshalb kein gemeinsames Abendprogramm mehr zustande. Es bilden sich verschiedene Klein- und Kleinstgruppen, die sich informell zu verschiedenen Gesprächsthemen zusammenfinden.

Krise und Höhepunkt: Der Problemhorizont lichtet sich

s. S. 81
Verhalten des Moderators

s. S. 141
Konfliktbearbeitung

Was heißt hier moderieren?

»Der Konflikt kommt, der Moderator freut sich!« Dieser Satz ist nicht zynisch gemeint. So wie für die alten Griechen der Krieg der Vater aller Dinge war, so ist für den Moderator die Bereitschaft der Gruppe, sich auf ihre Konflikte einzulassen, der entscheidende Energiespender für die gemeinsame Arbeit.

Aber wer mag schon Konflikte? Auch der Moderator ist da nur ein Mensch. Ist er unbeteiligt, so versucht er häufig, den Konflikt herunterzuspielen, ihn nicht ernst zu nehmen, ihn mit einer Moderationstechnik zu durchtauchen. Ist er selbst betroffen, das heißt, beginnt die Gruppe, sich auf ihn einzuschießen, dann versucht er, gegen die Gruppe anzukämpfen, sich zu rechtfertigen, seine Macht zu beweisen.

Beide Verhaltensweisen bringen ihn und die Gruppe nicht weiter. Erst wenn es ihm gelingt, den Konflikt produktiv umzusetzen, wie wir es in unserem Beispiel beschrieben haben, kann er die Kraft nutzen, die im Konflikt steckt.

Für den Moderator wie für die Gruppe gilt die Regel, dass Störungen Vorrang vor der sachlichen Diskussion haben. Solange sie nicht verarbeitet sind, wird der Blick nicht frei für die inhaltlichen Probleme. Für den Moderator ist es dazu notwendig, dass er sich selbst genügend kennt, dass er weiß, wo seine Haken sind, an denen ihn die Gruppe erwischen kann, dass er weiß, wo seine ganz persönlichen Fettnäpfchen stehen, in die er immer wieder hineintappt. In diesem Zusammenhang ist die gute Kooperation zwischen den Moderatoren eine notwendige Bedingung des erfolgreichen Arbeitens. Denn ein Moderator, der sich in eine Situation »verbissen« hat, kommt selten aus eigener Kraft aus dieser Konfrontation heraus. Die einzige Chance besteht darin, dass ihn sein Mitmoderator aus dem Gefecht nimmt und damit der Gruppe wieder eine Brücke baut, die es ihr erlaubt, erneut Vertrauen zu den Moderatoren zu fassen.

Wie können die Moderatoren das praktisch tun?

Der erste Schritt ist immer die Beobachtung. An der Körpersprache und an der verbalen Sprache der Teilnehmer kündigen sich Konflikte vorher an. Diese Fähigkeit ist erlernbar durch Selbsterfahrung, Selbstbeobachtung, durch Übung mit Gruppen und durch ein hilfreiches Feedback der Moderatoren untereinander.

Der zweite Schritt ist das Ansprechen der Situation in der Gruppe. Dabei ist wichtig, dass der Moderator seine Wahrnehmung des Gruppenverhaltens trennen kann von den Vermutungen über Ursachen und Anlässe. Wenn ihn seine Wahrnehmung über das Verhalten der Gruppe in eine für die Gruppe wichtige Richtung leitet, soll er seine Vermutungen auch als seine Vermutung ansprechen. Es ist hinderlich für sein weiteres Vorgehen, wenn er dabei eine offene oder versteckte Wertung anbringt oder gar einen moralischen Appell. Er verstrickt sich so in die Konfliktsituation der Gruppe, wird selbst einer, der urteilt und verurteilt, und erreicht nur eine Solidarisierung der Gruppe gegen ihn. Damit ist aber die Gruppe von ihrer eigenen Konfliktbearbeitung entlastet und auf den Sündenbock fixiert.

Die Unterscheidung zwischen Wahrnehmen, Vermuten und Bewerten können Moderatoren auch als Kommunikationsregel in die Gruppe einführen, zum Beispiel, indem sie Paare von Teilnehmern bilden, in denen dieses Trennen geübt wird. Die Teilnehmer können dadurch selbst unterscheiden lernen, wo sie auf andere projizieren und wo sie die unfruchtbaren Spiele der Erwachsenen spielen.

s. S. 143
Kommunikations-Übungen

Es gibt noch weitere Spielregeln, die der Moderator im Laufe der Klausur einführen kann, möglichst noch zu einem unverfänglichen Zeitpunkt, das heißt, wenn die Gruppe sich noch nicht im Konflikt unsensibel für ihre Kommunikation gemacht hat. Die wichtigsten Spielregeln sind:
- Ich/du oder Sie statt man
- Störungen haben Vorrang.

Damit gibt er den Teilnehmern Werkzeuge in die Hand, mit denen sie in kritischen Situationen direkt und von der eigenen Situation aus handeln und reagieren können.

Und irgendwann hört es dann mit den Regeln auf. Denn ein großer Teil der Aktionen und Reaktionen des Moderators, die Wahl des Zeitpunkts, einzugreifen oder laufen zu lassen, sind Sache der Intuition und der Erfahrung. Und wie ein Skiläufer nur Skilaufen lernt, indem er Ski läuft, so lernt ein Moderator auch nur Moderieren, wenn er moderiert. Wie beim Skilaufen ist Hinfallen zwar schmerzhaft, aber lehrreich.

Nägel mit Köpfen machen

Der letzte Tag beginnt. Die Teilnehmer haben ihre Hotelzimmer schon geräumt und kommen mit gepackten Koffern an. Die ersten Krawatten tauchen wieder auf. Der Arbeitsalltag erscheint schon wieder am Horizont.

In der Gruppe herrscht eine gewisse Nervosität. Heute muss endlich etwas herauskommen. Sätze wie »Jetzt aber Butter bei die Fische« oder »Jetzt müssen wir Nägel mit Köpfen machen« charakterisieren die Ungeduld. Die Klausur sollte ja nicht Selbstzweck sein, es sollte sich ja etwas verändern. Je nach Temperament äußert sich diese Stimmung in schlechtem Gewissen, so viel Zeit vertan zu haben, oder in wilder Entschlossenheit, alle Knoten mit einem Schlag durchzuhauen.

Die Moderatoren beginnen wieder mit einer Ein-Punkt-Frage: »Wie weit sind wir von der Lösung des Problems entfernt?« Die Punkte spiegeln die Einschätzung der Gruppe wider, dass noch einiges geschehen muss. Aber was muss geschehen? Auf dem Frageplakat finden sich folgende Stichworte:
- restliche Themen bearbeiten
- klare Absprachen treffen

- Weiterarbeit festlegen
- Übersicht über bisherige Diskussion schaffen
- rechtzeitig aufhören
- usw.

Ablauf des letzten Tages

- Kleingruppenergebnisse vorstellen
- Tätigkeiten sammeln und sichten
- Tätigkeitskatalog ausfüllen
- abschließen

Die Moderatoren stellen nun ihrerseits vor, wie sie sich den Ablauf des letzten Tages denken:

Sie machen deutlich, dass zum Bearbeiten weiterer Themen heute keine Zeit mehr bleibt, dass aber im Tätigkeitskatalog geklärt werden muss, wie die offenen Fragen weiter behandelt werden.

Bevor die Kleingruppen ihre letzten Ergebnisse präsentieren, stellen die Moderatoren den Tätigkeitskatalog vor, damit die Lösungsvorschläge, die die Kleingruppen entwickelt haben, aufgenommen werden können.

Schon bei der Vorstellung der ersten Kleingruppe bricht wieder eine Grundsatzdiskussion auf. Die Moderatoren fordern immer wieder dazu auf, die Beiträge auf Karten festzuhalten und an das Kleingruppenplakat zu hängen und dann zu überlegen, was geschehen muss, damit dieses Thema weiterverfolgt werden kann. Drei Tätigkeiten, die von der Kleingruppe schon vorgeschlagen wurden, kommen in die »Was«-Spalte. Die Gruppe ist zufrieden, sie weiß, die bisherige Arbeit war nicht umsonst, es geht etwas weiter.

Bei der nächsten Kleingruppe gibt es mehr Schwierigkeiten. Sie hatte sich ein Thema vorgenommen, das bisher noch gar nicht behandelt war. Die Gruppe ist ein wenig ratlos, was sie nun damit anfangen soll. Das Thema ist noch nicht reif für konkrete Aktionen, und es reißt auch so recht niemanden vom Stuhl. Nur die Mitglieder der Kleingruppe sind engagiert und versuchen, die Gesamtgruppe für ihr Problem zu gewinnen. Aber die Neigung, wieder in die Grundsatzdiskussion einzusteigen, ist gering.

Stimmen werden laut, man solle das Thema doch ganz fallen lassen. Dagegen wehrt sich die Kleingruppe. Die Moderatoren schlagen vor, in den Tätigkeitskatalog das Vorhaben aufzunehmen, an diesem Thema zu Hause weiterzuarbeiten. Wenn alle Tätigkeiten gesammelt seien, könne man immer noch sehen, ob sich dafür Interesse findet. Der Vorschlag wird angenommen, das Plenum ist erleichtert und bereit, sich mit der dritten Kleingruppe auseinanderzusetzen.

Sie hat ein besonders heikles Thema bearbeitet, heikel, weil die Lösung außerhalb der Kompetenz der Gruppe liegt. Typischerweise sind die Lösungsvorschläge keine konkreten Handlungen, sondern moralische Appelle: »X sollte ...« und »Y müsste ...« Das Thema ist für die Gruppe wichtig, aber was soll sie tun? Die Moderatoren schlagen vor, dieses Thema in einer Präsentation den Hierarchen vorzustellen, die überzeugt werden müssen. Skepsis kommt auf, ob denn das überhaupt einen Sinn habe, es ließe sich ja doch nichts ändern. Also schlagen die Moderatoren vor, das Thema ganz fallen zu lassen. Ein Sturm der Entrüstung ist die Folge. Doch die Moderatoren beharren auf der Frage, was getan werden soll. Ein rettender Gedanke aus der Gruppe: Der hierarchisch am höchsten stehende Teilnehmer soll doch einmal mit dem Direktor X reden. Die Moderatoren geben zu bedenken, dass dann nicht mehr deutlich wird, dass die ganze Gruppe hinter diesem Punkt steht. Wer unterstützt also den Sprecher der Gruppe? Zwei weitere Teilnehmer sind bereit mitzumachen. Im Tätigkeitskatalog erscheint unter »Was«: »Problem A für eine Präsentation bei X aufbereiten.« Unter »Wer« steht der Gruppensprecher, unter »Mit wem« die beiden Mitstreiter, unter »An wen« steht »X«. Bleibt noch zu klären, bis wann die Präsentation erfolgen

Nägel mit Köpfen machen

soll. Die Gruppe einigt sich auf einen Zeitraum von 14 Tagen, der Termin erscheint unter »Bis wann«.

Befriedigt stellen alle fest, dass für die erste Aktivität der Tätigkeitskatalog voll ausgefüllt ist. Auch dieses Thema ist für den Moment abgehakt.

Die letzte Gruppe hat das gesamte Material aufbereitet, das in den zwei Tagen erarbeitet worden ist, und kommt mit einer Fülle von Aktivitätsvorschlägen, die zur Realisierung der Ideen führen sollen. Sie werden einzeln in den Tätigkeitskatalog übernommen, der sich bedenklich füllt. Plötzlich geht ein Stöhnen durch die Gruppe: »Wer soll denn das alles machen?« – »Ich habe ja auch noch eine kleine Nebenbeschäftigung« – »Jetzt haben wir ja mehr Probleme als vorher statt weniger«.

Die Moderatoren nehmen trotzdem zunächst alle Aktivitätsvorschläge auf. Die Stunde der Wahrheit kommt, als die Moderatoren beginnen, die weiteren Spalten des Tätigkeitskatalogs zur Diskussion zu stellen. Für die Tätigkeiten, die vorher als unumgänglich angesehen wurden, findet sich keiner, der sich darum kümmern will. Die Moderatoren streichen sie erbarmungslos wieder aus dem Katalog heraus: Nur wenn sich wirklich jemand für die Tätigkeit verantwortlich fühlt und andere bereit sind, ihn dabei zu unterstützen, handelt es sich um eine Gruppenaktivität und wird in den Tätigkeitskatalog aufgenommen. Moderatoren und Teilnehmer merken, dass das ein kräftezehrender Prozess ist, denn hier und jetzt fällt die Entscheidung, was aus der gemeinsamen Arbeit wirklich Bestand hat, wer bereit ist, für sich selbst neue Prioritäten zu setzen, die das Gruppenerlebnis in den Alltag umsetzen.

Während sich die Teilnehmer gerade nach vollbrachter Tat erlöst in ihren Stühlen zurücklehnen wollen, holen die Moderatoren die Themenspeicher noch einmal hervor. Es muss überprüft werden, ob die Themen ausreichend bearbeitet worden sind, was offen geblieben ist und wie die unbearbeiteten Punkte weiter behandelt werden sollen. Thema für Thema wird noch einmal vorgelesen und abgehakt, falls es erledigt ist oder nicht mehr weiterverfolgt werden soll, oder in eine Tätigkeit übersetzt, wenn Einzelne sich bereit erklären, weiter daran zu arbeiten.

Noch eine letzte Frage ist für den Tätigkeitskatalog zu klären: Wann will sich die Gruppe als ganze wieder treffen, um den Tätigkeitskatalog abzuchecken und Erfahrungen darüber auszutauschen, was in der Zwischenzeit passiert ist? Kalender werden gezückt, Termine gehandelt, Örtlichkeiten geprüft, Ziele dieses Treffens diskutiert. Man einigt sich auf einen Termin in einem Vierteljahr, an dem alle Teilnehmer können, der einen halben Tag dauern soll. Bis dahin wird es daheim auch einen Raum geben, der mit dem Moderationsmaterial ausgestattet ist, damit auch in Zukunft »vor Ort« moderiert werden kann.

Und wer macht das Protokoll? Diese Frage, die meist großen Schrecken auslöst und alle Teilnehmer unbeteiligt in der Gegend herumschauen lässt, ist hier verhältnismäßig harmlos: Es geht nur darum, die Plakate auszusortieren, abzufotografieren, zu vervielfältigen und allen Teilnehmern zuzustellen. Auch dafür finden sich noch Freiwillige. Mit dieser Tätigkeit erscheinen auch sie im Tätigkeitskatalog.

Nun ist es Zeit zum Mittagessen. Die Gruppe fühlt sich ausgepumpt, als hätte sie einen ganzen Wald abgeholzt. Aus dem Wechselbad von Überschwang und Depression der letzten zweieinhalb Tage ist eine gedämpfte Euphorie geworden; die Euphorie beruht auf der Erfahrung, gemeinsam etwas geschafft zu haben, neue Formen des Miteinander-Arbeitens, -Lachens, -Streitens erlebt zu haben. Gedämpft ist diese Stimmung, weil eine Menge an Arbeit und Anstrengung notwendig ist, um das Gewünschte zu erreichen und das Erreichte umzusetzen. Das Mittagessen steht schon unter dem Eindruck der Abreise. Fahrpläne werden gewälzt, Fahrgemeinschaften gebildet. Die Gruppe beginnt unmerklich zu zerfallen.

Doch noch ist der Schlusspunkt nicht gesetzt. Erst ein gemeinsamer Abschluss rundet die Moderation ab. Er wird im nächsten Kapitel dargestellt.

Was heißt hier moderieren?

Damit in einer moderierten Problemlösungsklausur nicht nur viele hineingehen und nichts herauskommt, müssen die Moderatoren am Ende alle – durch den Prozess entstandenen – Folgeaktivitäten festhalten. Als eine Ausgangsbasis dient dazu das Plakat mit den während der Veranstaltung bereits gesammelten Tätigkeiten. Eine weitere Möglichkeit, die erarbeiteten Lösungsvorschläge einer Realisierung zuzuführen, ist, jede einzelne Problemlösung darauf abzuklopfen, was getan werden muss, um sie umzusetzen. Erfahrungsgemäß nützt es nichts oder nur sehr wenig, wenn sich eine Gruppe einig über Lösungen ist, sondern sie muss auch bereit sein, Energie in die Realisierung zu stecken. Wenn sich niemand findet, der die ersten Schritte leisten möchte, dann ist offensichtlich der Problemdruck nicht groß genug.

Folgendes Raster hat sich als Tätigkeitskatalog bewährt:

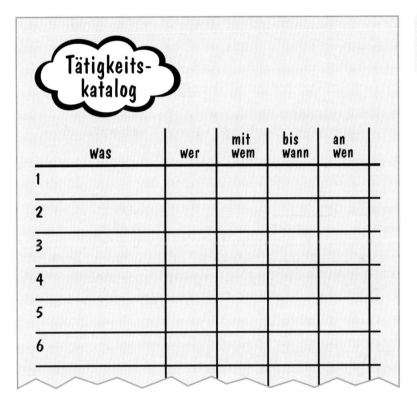

s. S. 153
Aktivitäts- und Verhaltenskataloge

In die »Was«-Spalte kommen die einzelnen Aktivitäten. Sie sollten so konkret wie möglich beschrieben sein. Häufig handelt es sich dabei nur um einen ersten Schritt, der ein sehr viel komplexeres Projekt in Gang setzt. Also nicht »Neue Marketingkonzeption«, sondern »Erstes Treffen der Projektgruppe ›Neues Marketingkonzept‹ einberufen«.

Nach unserem Rollenverständnis ist es eine der wichtigsten Aufgaben des Moderators, die Gruppe dazu zu bringen, diesen Realitätsbezug noch während der Veranstaltung zu leisten. Dies heißt, er muss dafür sorgen, dass alle Spalten des Tätigkeitskatalogs ausgefüllt werden. In die »Wer«-Spalte muss ein Teilnehmer der Runde eingetragen werden, da sich sonst niemand angesprochen und aufgefordert fühlt, irgendetwas zu tun. Demzufolge müssen die Tätigkeiten so formuliert sein, dass sie auch von einem Teilnehmer durchgeführt werden können. Wenn der Bundeskanzler sich mehr um die »saubere Luft« kümmern soll, aber selbst nicht bei der Veranstaltung dabei war, wird es wenig nutzen, wenn in der »Wer«-Spalte der Bundeskanzler steht. Hier muss die Tätigkeit so formuliert werden, dass ein Teilnehmer die Wünsche/Forderungen der Gruppe an den Bundeskanzler weiterleitet und diesen veranlasst, so zu handeln.

Die Spalte »Bis wann« ist deshalb so wichtig, weil einerseits die Kontrollierbarkeit einer Tätigkeit nur über einen definierten Zeitraum möglich ist, andererseits die zeitlichen Abhängigkeiten von Tätigkeiten, die aufeinander aufbauen, hergestellt werden müssen.

Die Spalte »An wen« soll die Teilnehmer befähigen, des Ergebnis dieser Tätigkeit zu kontrollieren und die Mitarbeiter, die von den möglichen Veränderungen betroffen sein werden, rechtzeitig zu informieren.

s. S. 155 Simultanprotokoll

Es empfiehlt sich, den Tätigkeitskatalog allen Teilnehmern mit dem Protokoll auszuhändigen, um damit auf alle Teilnehmer einen heilsamen Druck für die Realisierung auszuüben. Das ist unser »Papier-Hierarch«.

s. S. 160 Folgeaktivitäten

Eine weitere wichtige Voraussetzung für die Handlungsorientierung einer Problemklausur ist die Vereinbarung einer Follow-up-Veranstaltung. Je nach Problemstellung kann sie von drei Stunden bis drei Tage dauern, hausintern oder wiederum außerhalb der normalen Arbeitssituation durchgeführt werden.

Bei diesem Zusammentreffen sollte dann geprüft werden, inwieweit sich Schwierigkeiten bei der Umsetzung von Lösungsansätzen ergeben haben, die eventuell die Diskussion über die veränderte Lage erforderlich machen, um gemeinsam die aufgetauchten Probleme zu lösen und damit die weitere Realisierung sicherzustellen.

Abschluss und Abschied

Das Ende naht. Die Arbeit ist abgeschlossen. Der Tätigkeitskatalog hat die Abrundung der Arbeit gebracht und zugleich die Lösungseuphorie gedämpft.

Es ist nicht mehr viel Zeit bis zur Abreise der ersten Teilnehmer. Ein starkes Gemeinschaftsgefühl, persönliche Nähe, das Erlebnis, einen großen Problemberg bewältigt zu haben, die Aussicht auf noch mehr Arbeit zu Hause und manche Unzufriedenheit, die hängen geblieben ist, charakterisieren die Stimmung in der Gruppe.

Die Teilnehmer sitzen im Halbkreis in der Arbeitsecke, erwartungsvoll, was denn nun noch kommen kann. Die Moderatoren haben mehrere Tafeln aufgestellt, eine mit der Überschrift »Worüber sollten wir hier noch sprechen?«, daneben eine leere Fläche.

Die Teilnehmer können nun noch einmal darüber nachdenken, mit welchen Problemen sie sich noch innerlich beschäftigen. Es kommen Fragen wie »Glauben Sie, dass wir es schaffen, alle Tätigkeiten durchzuführen?« oder »Wo kann man Moderation noch einsetzen?« oder »Wie kann man Hierarchen von der Moderation überzeugen?« oder »Wofür ist Moderation nicht geeignet?«. Die Fragen werden auf Karten geschrieben und sortiert. Gemeinsam versuchen die Moderatoren mit der Gruppe, die offenen Fragen zu klären. Die Antworten werden auf der leeren Fläche mitvisualisiert.

Wenn der Kopf damit einigermaßen entlastet und zufriedengestellt ist, ist die Aufmerksamkeit vorhanden, sich der Situation in der Gruppe noch einmal zuzuwenden. In einem Blitzlicht zum Abschluss kann jeder etwas zu folgenden Fragen sagen:

- Was möchte ich der Gruppe oder einem Teilnehmer noch sagen?
- Was möchte ich zum Ablauf der Klausur sagen?
- Was war für mich besonders wichtig?
- Wie fühle ich mich jetzt?

Die verschiedenen Schattierungen von Gefühlen in dieser Abschiedsphase kommen dabei heraus, Erleichterung, Spaß, Freude, auch ein bisschen Wehmut und vor allem Erstaunen, dass es möglich ist, auch in Arbeitssituationen für Gefühle einen Platz zu finden. Das sich selbst und den anderen deutlich machen zu können, erlaubt es, damit abzuschließen, kein verschnürtes Päckchen ungeöffnet mit auf den Heimweg zu nehmen.

Und dann darf ein letztes Mal geklebt werden: Die Moderatoren holen die Spaß-/Erfolg-Frage vom ersten Tag hervor. In das Bild, das am ersten Tag aus grünen Punkten entstanden war, werden nun rote Punkte geklebt, die ausdrücken, wie es denn nun war. Die »Punktwolke« hat sich nach rechts oben verlagert, das heißt: Im Ganzen gesehen hat es mehr Spaß gemacht als erwartet, und es ist auch mehr herausgekommen, als eingangs vermutet wurde. Für alle Beteiligten ein befriedigendes Ergebnis – auch für die Moderatoren, die sich ihren Anteil an dem Ergebnis zuschreiben und, wie jeder Mensch, auch empfänglich sind für Streicheleinheiten.

Der Dank der Moderatoren an die Gruppe ist nicht nur Höflichkeitspflicht. Sie wissen, dass sie immer nur so gut sein können, wie die Gruppe bereit ist, sich auf die Moderatoren einzulassen. Wenn sie gut gearbeitet haben, dann konnten sie das nur, weil die Gruppe Vertrauen zu ihnen hatte, ihnen die Möglichkeit gegeben hat, gut zu arbeiten.

Ein letzter gemeinsamer Treff an der Bar bei einem Getränk und Musik im Hintergrund lässt die Klausur ausklingen. Die Gruppe bröckelt langsam ab, zurück bleiben die Moderatoren, die für den Rest des Tages keine Pinnwände und Plakate, keine Filzstifte und Klebepunkte mehr sehen wollen.

Was heißt hier moderieren?

Abschluss und Abschied

Genau wie das Anwärmen ist auch das Verabschieden wichtig für die emotionale Erinnerung an das Gruppenerlebnis und hat Einfluss auf das Engagement zur Realisierung der gemeinsamen Vorhaben.

Vor allem für die weitere Arbeit sind weder überschäumende Euphorie noch kalte Sachlichkeit eine gute Voraussetzung. Wenn die Teilnehmer allzu euphorisch die Klausur verlassen, besteht die Gefahr, dass sie die Schwierigkeiten im Alltag unterschätzen. Eine solche Stimmung bricht dann schnell zusammen und hinterlässt Enttäuschung und Leere.

Ebenso schädlich ist eine depressive, »verklemmte« Atmosphäre am Ende einer Veranstaltung. Sie mobilisiert häufig nicht genügend Energie, um die Aktivitäten anzupacken, die vereinbart worden sind. In einer Art »self-fulfilling prophecy« heißt es dann bald: »Sehen Sie, ich habe ja gleich gesagt, dass wieder nichts dabei herauskommt!«

In beiden Fällen müssen die Moderatoren die richtigen Fragen für das Blitzlicht stellen, damit diese Stimmung noch herauskommen kann. Bleibt sie unbesprochen, weiß am Ende keiner so recht, woran er ist. Schon durch das Bewusstmachen tritt häufig eine Lösung der Verkrampfung ein, und das Gruppengefühl verändert sich. Für diese Phase sollte sich die Gruppe eine bis eineinhalb Stunden Zeit nehmen, denn ein hektischer Abschluss kann das gesamte Gruppenerlebnis entwerten. Es sollte auch darauf geachtet werden, dass kein Teilnehmer vorher abreist. Die Lücke, die jeder fehlende Teilnehmer in der Gruppe reißt, ist von keinem anderen zu schließen.

s. S. 159
Abschlussblitzlicht

Auch die Moderatoren haben »Aktien in diesem Geschäft«, das heißt, auch die Moderatoren haben Gefühle – positive wie negative – mit der Gruppe gesammelt. Sie sollten für sich das gleiche Maß an Offenheit herstellen, das sie von der Gruppe erwarten. Das Blitzlicht gibt auch den Moderatoren Gelegenheit, Erfahrungen mit der Gruppe zu schildern. Sie müssen allerdings an dieser Stelle ganz besonders darauf achten, dass sie ihre Eindrücke nicht in Werturteile kleiden. Dass sie sich freuen, wenn es den Teilnehmern gefallen hat, kann ihnen keiner verwehren, sie brauchen es deshalb auch nicht zu verbergen.

Abschluss und Abschied

**s. S. 159
Ein-Punkt-Frage**

Die letzte Klebeaktion an dem Spaß-/Erfolg-Plakat hat die Funktion, für die Gruppe noch einmal den Bogen vom Anfang zum Ende, von den Erwartungen zu den Erfahrungen herzustellen. Häufig sind die Teilnehmer am Ende überrascht, wie skeptisch ihre Einstellung am Beginn der Klausur war. Es ist ein Zeichen für die Offenheit, die in der Gruppe erreicht worden ist, wenn sie dieses Erstaunen auch offen äußern kann.

**s. S. 173
Moderationsumfeld**

Das sanfte Ausklingen bei Gesprächen an der Bar nimmt den Teilnehmern die Härte des Abschiednehmens. Es trägt der Erfahrung Rechnung, dass die Menschen mit dem Abschiednehmen sehr unterschiedlich umgehen: Für die einen muss es kurz und schmerzlos vonstatten gehen, die anderen brauchen eine Weile, bis sie sich losreißen können.

Auch für die Moderatoren ist ein solches Abschließen notwendig. Es geschieht meist beim Sortieren der Plakate für das Protokoll und beim Aufräumen. Dies ist häufig die Gelegenheit, die Klausur noch einmal an sich vorbeiziehen zu lassen und das eine oder andere Feedback zu geben, das wichtig ist für den Lernprozess des Moderators.

Was kommt danach?

Mit dem Abschiednehmen ist der Prozess nicht beendet. Eigentlich beginnt er da erst. Denn im Tätigkeitskatalog sind eine große Zahl an Aktivitäten enthalten, die nun in die Tat umgesetzt werden müssen. Erst an dem nachfolgenden Prozess kann der Erfolg der Moderation abgeschätzt werden.

**s. S. 160
Folgeaktivitäten**

Wie dieser Prozess sinnvoll zu organisieren ist, das haben wir im zweiten Teil unter Folgeaktivitäten beschrieben. Aber es gibt noch eine andere Ebene, die wir beobachten, wenn wir nach einer Problemklausur in das Unternehmen kommen und Teilnehmer wiedertreffen: Sie bilden eine Art verschworene Gemeinschaft, die auch über Bereichs- und Hierarchiegrenzen hinauswirkt. Besonders deutlich wird dieser Effekt, wenn sie anderen, die nicht an der Klausur teilgenommen haben, beschreiben sollen, was dort abgelaufen ist. Da wird von vielen Punkten gesprochen, die sie geklebt haben, von Keksen, die zur freien Bedienung herumstanden, von Abenden in Kissen und der Bar, an der zwanglose Gespräche stattfanden.

Für Außenstehende ist das sehr verwirrend, denn sie können nicht nachvollziehen, welche Bedeutung das Ambiente für den Gruppenprozess hat. Aber in den strahlenden Augen der Teilnehmer kann man erkennen, dass die Bilder von den gemeinsamen Erfahrungen, von Spaß und von durchgestandenen Konflikten in ihnen aufsteigen.

Das hat nicht nur Erinnerungswert, sondern es fördert auch die weitere gemeinsame Arbeit. Wenn in Projektgruppen wieder einmal eine von diesen ermüdenden Diskussionen auftritt, dann erinnert sich jemand daran, »dass wir das in der Klausur doch ganz anders gemacht haben«; und schon werden Tafeln geschoben, Karten und Filzstifte ausgeteilt, und einer übernimmt die Moderation.

Diese Erinnerungen haben also nicht nur einen Erlebniswert, sie verändern auch die Arbeit und das Miteinander-Umgehen im Arbeitsalltag, und für manch einen ist in einer solchen Klausur der Wunsch entstanden, Moderation genauer zu lernen, um sie selbst im beruflichen wie im privaten Bereich anwenden zu können.

Was kommt danach?

Was heißt hier moderieren?

Im Gegensatz zu vielen Fortbildungsveranstaltungen ist eine Moderation nicht mit dem Abreisen der Teilnehmer beendet. Vielmehr schließen sich an eine Klausur eine Reihe von organisierten und zu organisierenden Prozessen der Weiterarbeit an. Die Überlegung, wie es weitergehen kann und was passieren muss, damit die Klausurergebnisse umgesetzt werden, ist deshalb Bestandteil einer Klausurmoderation.

Häufig ist die Autorität des externen Moderators notwendig, um die innerbetrieblichen Bedingungen herzustellen, die eine Weiterarbeit möglich machen. Dazu gehört:
- Durchsetzung der Freistellung von Mitgliedern zur Arbeit in verabredeten Projektgruppen;
- Durchsetzung von Terminen mit Hierarchen zur Präsentation der Klausurergebnisse;
- Beratung bei der Einrichtung von Räumen, die für Moderation geeignet sind;
- Beratung der Vorgesetzten bei der Einrichtung einer Projektorganisation;
- Organisation der Einbeziehung von Betroffenen, die an der Klausur nicht teilgenommen haben, in den weiteren Prozess.

Dabei sollte der Moderator darauf achten, dass er den Teilnehmern keine Aufgaben abnimmt, die sie selbst lösen können. Er verspielt sonst (häufig aus Eitelkeit!) die Fähigkeit der Klausurteilnehmer, selbst Verantwortung für sich zu übernehmen, die er während der Klausur mühsam aufgebaut hat.

s. S. 81
Verhalten des Moderators

Es gibt allerdings auch einige Funktionen, in denen das spezifische Methodenwissen des Moderators gefragt ist. Es handelt sich dabei um:
- moderationsgerechte Aufbereitung der Klausurergebnisse für eine Präsentation;
- Beratung über die »Dramaturgie« einer Präsentation;
- Darstellung des Prozesses – nicht des Inhalts – der Klausur;
- gegebenenfalls, wenn der Bedarf danach besteht, Ausbildung von Moderatoren für die innerbetriebliche Anwendung der Moderation;
- Durchführung von Follow-up-Veranstaltungen mit den Klausurteilnehmern.

Wie ein solcher Nachbereitungsprozess aussieht, hängt sehr von dem Problem, der Arbeitsfähigkeit der Gruppe, dem Interesse der Gesamtorganisation an der Arbeit der Gruppe ab. Der Moderator sollte aber in jedem Fall darauf achten, dass überhaupt etwas im Anschluss an die Klausur geschehen kann. Reine Alibiveranstaltungen frustrieren nicht nur Teilnehmer und Moderatoren. Sie verschütten darüber hinaus häufig Handlungsmöglichkeiten auf Jahre. Und last but not least wird die Folgenlosigkeit meist den Moderatoren und ihrer Methode in die Schuhe geschoben, statt den Fehler bei sich selbst zu suchen.

s. S. 160
Folgeaktivitäten

Wie wird so ein Prozess vorbereitet?

Eine Problemklausur ist keine isolierte Aktion, sondern das Zentrum des Prozesses, der eine Vergangenheit und eine Zukunft hat. Hier soll von der Vergangenheit die Rede sein.

Ein Unternehmen, eine Behörde oder ein Verband, die zum ersten Mal mit der Moderation konfrontiert werden, stehen ihr meist mit großer Skepsis gegenüber. Das liegt daran, dass der Prozess, den wir in den vorigen neun Abschnitten zu beschreiben versucht haben, in einem Gespräch im Büro nur schwer verbal zu vermitteln ist. Die Bedeutung, die Kreativität, Spaß, Konfliktbereitschaft und Arbeitsatmosphäre für das sachliche Ergebnis haben, versteht selten jemand, der es nicht selbst erlebt hat.

So werden oft in der Vorbereitungsphase Versuche unternommen, das Ergebnis schon vorher in allen Details festzulegen, der Gruppe möglichst wenig Spielraum einzuräumen, denn das Vertrauen in die Leistungsfähigkeit sich selbst organisierender Gruppen ist nach wie vor außerordentlich gering. So sehr ist unsere Arbeitswelt von hierarchischen Organisationsformen bestimmt, dass die Auftraggeber, also die hierarchisch Verantwortlichen, ungern die Zügel locker lassen und der Gruppe den Spielraum einräumen, den sie braucht, um selbstverantwortlich arbeiten zu können.

Wir sind deshalb dazu übergegangen, das Unmögliche nicht mehr zu versuchen, nämlich die Wirkung von Moderation theoretisch zu beschreiben. Vielmehr führen wir während der Vorbereitungsphase – die wir im zweiten Teil im Einzelnen beschreiben – eine Präsentation in moderierter Form durch. Das heißt, dass wir mit den hierarchisch Verantwortlichen eine kurzgefasste Problemsammlung und -bearbeitung veranstalten, die etwas von dem Stil der Moderation zeigt. Wir versuchen dabei, so viele Elemente der Moderation wie möglich einzubringen. Wir überraschen zum Beispiel die Teilnehmer damit, dass aus dem üblichen Sitzungszimmer die Tische herausgestellt werden, dass die Stühle im Halbkreis stehen, dass eine »Bühne« mit Moderationstafeln aufgebaut ist, dass das Gespräch mit einer Ein-Punkt-Frage beginnt, dass vorne nicht ein »Sitzungsleiter« steht, sondern zwei Moderatoren agieren usw.

Selbst hartgesottene »Sitzungsprofis« bekommen dadurch einen Eindruck, was Moderation will und was sie nicht leisten kann und wie schnell es auch unter Sitzungsteilnehmern mit sehr unterschiedlichen Interessen möglich ist, eine gemeinsame Problemsicht zu erreichen.

Für uns Moderatoren ist es nicht so sehr ein Selbstdarstellungserlebnis. Vielmehr können wir auf diese Weise den Freiheitsgrad der Gruppe erhöhen, die mit Moderation ihre Probleme bearbeiten will.

Was heißt hier moderieren?

Vor einer Problemmoderation sollten sich die Moderatoren zusammensetzen, um den Prozess in Ruhe vorzubereiten und sich selbst darauf einzustimmen. Es gibt fünf Phasen der Vorbereitung, die sich durch unterschiedliche Tätigkeiten charakterisieren lassen.

1. Phase:
Fragen und Einstimmen der Teilnehmer

Diese Frage findet meistens vor Ort statt. Durch Interviews und Gruppengespräche wird das Problemfeld durchleuchtet. Die Moderatoren erfahren, worum es geht, welche Interessen im Spiel sind, welche »heißen Eisen« angepackt werden müssen und wer mit wem weswegen im Clinch liegt. Nicht vergessen werden sollten die Vorgespräche mit erlaubenden und verbietenden Hierarchien.

2. Phase:
Durchdenken der Bedingungen anhand der Vorfragen

s. S. 165
Durchdenken der Bedingungen

Nach einem Katalog der Vorfragen sortieren die Moderatoren ihre Informationen und erarbeiten die Leitlinie für die Moderation. Wenn das geschehen ist, können die Moderatoren eine Dramaturgie machen.

3. Phase:
Dramaturgie entwickeln

s. S. 168
Ablauf einer Moderation

Dramaturgie heißt, die Reihenfolge der methodischen Schritte festzulegen. Die Gruppe soll sich aus den gegebenen Vorbedingungen so entwickeln, dass sie einen Lösungskatalog erarbeitet, hinter dem sie verantwortlich steht. Dabei müssen in den drei Hauptphasen der Moderation – Problemsammlung und -strukturierung, Problembearbeitung, Problemlösung – immer beide Ebenen, Kopf und Bauch, Verstand und Gefühl, methodisch berücksichtigt werden.

Dann setzen die Moderatoren ihre Dramaturgie in einen Ablaufplan um, in dem die methodischen Schritte, die benötigte Zeit, der Moderatoren- und Materialeinsatz genau bezeichnet sind.

Ungeübte Moderatoren sollten sich eine sehr exakte Dramaturgie machen und versuchen, nachher ihre Abweichungen zu besprechen und daraus zu lernen.

Moderatoren, die ihr Handwerk, die Methode, gut beherrschen und viel Erfahrung im Umgang mit Gruppen haben, können die ersten Schritte dramaturgisch vorplanen und dann, sich jeweils auf die spezifische Situation der Gruppe einstellend, die Dramaturgie weiterentwickeln. Unserer Erfahrung nach ist es wichtig, das Kennenlernen (erster Abend) und die Problemsammlung, also den Einstieg, genau vorzustrukturieren; dann entfaltet die Gruppe sowieso ein Eigenleben, auf das die geübten Moderatoren spontan eingehen können.

4. Phase:
Entwerfen der Plakate

s. S. 92
Visualisierung

Mit der Dramaturgie haben die Moderatoren festgelegt, welche Fragen, Listen und Rasterplakate sie brauchen. Sie haben damit auch ihre Arbeitseinteilung vereinbart. Entsprechend können sie in Einzelarbeit die Plakate visualisieren.

Das Malen, Schneiden, Kleben, diese handwerkliche Beschäftigung, ist zugleich eine angenehme innere Einstimmung der Moderatoren auf die zu erwartende Gruppe. Die fertigen Plakate spiegeln auch die Stimmung der Moderatoren hinsichtlich der Gruppe wider: zum Beispiel,
- dass die Moderatoren sich mit der Gruppe gedanklich beschäftigt haben,
- dass sie die Teilnehmer und ihre Probleme ernst nehmen,
- dass sie es wichtig fanden, sich gut vorzubereiten.

Das trägt mit dazu bei, die Gruppe einzustimmen, auch wenn diese Ausstrahlung unbewusst bleibt. Sie werden es einer Gruppe auch sofort anmerken, wenn Sie selbst sich nur unwillig mit ihr beschäftigt haben, sich daher auch schlecht vorbereitet haben und die Plakate nur widerwillig gemalt sind.

5. Phase: Vorbereitung

Die gedankliche und handwerkliche Beschäftigung mit der Moderationsumgebung trägt ebenso zur Einstimmung durch die Moderatoren bei. Dazu gehören die Gestaltung des Raumes, die Planung von seminarverträglichem Essen und Trinken, die Unterbringung und Freizeitmöglichkeiten. Je nachdem, welche räumlichen Bedingungen vorhanden sind, ob eigener Trainingsraum oder gemietetes Hotel, werden die Vorbereitungen unterschiedliches Ausmaß haben.

s. S. 173 Moderations-Umgebung

Problemklausuren sollten auf jeden Fall außerhalb des Arbeitsortes in wirklicher Klausurstimmung stattfinden, das heißt, es sollten auch wirklich alle Teilnehmer am Seminarort übernachten.

Die Materialbereitstellung ist unproblematisch, wenn man sie selbst übernimmt. Menge und Art müssen hingegen sorgfältig geprüft werden, wenn eine andere Stelle dafür verantwortlich ist, weil erfahrungsgemäß meistens etwas fehlt. Auch die rechtzeitige Lieferung ist häufig schon ein Problem. Oft standen wir schon ohne Material vor der Gruppe, weil irgendwer das für nicht so wichtig gehalten hatte.

Teil 2

Teil 2 ist ein praktischer Werkzeugkasten für die Gestaltung von Moderationsprozessen. Er ist also ganz den Techniken vorbehalten. Dieser Teil zeigt die große Vielfalt der Einsatzmöglichkeiten und vermittelt methodische Sicherheit.

Verhalten des Moderators

Die folgenden Regeln sind aus jahrelangem Experimentieren und Lernen entstanden. Sie sind kein Ersatz für eigene Übung, sondern ein Anhaltspunkt, um das eigene Verhalten daraufhin zu überprüfen. Die Kurzformulierung der Regel kann man auch als Schlüsselwort benutzen, um sich in kritischen Situationen daran zu erinnern.

»Moderieren« nennen wir alle Bemühungen zweier Menschen, den Meinungs- und Willensbildungsprozess einer Gruppe zu ermöglichen und zu erleichtern, ohne inhaltlich einzugreifen und zu steuern. Moderatoren sind methodische Helfer, die ihre eigenen Meinungen, Ziele und Wertungen zurückstellen können. Das Verhalten, das dieser Aufgabe entspricht, können wir mit folgenden Regeln beschreiben.

12 Regeln der Moderation

1. Fragen statt sagen

Fragen ist das Werkzeug, mit dem wir Kommunikation in Gang setzen. Die Menschen bringen alles mit, was sie brauchen: ihr Wissen, ihren Willen, ihre Phantasie, ihre Fähigkeit, das, was ihnen fehlt, zu suchen und zu lernen.

Die Aufgabe des Helfers ist es, den Austauschprozess zu organisieren, die Türen zu öffnen, die Blockaden wegzuräumen. Die Aufgabe ist, Bedürfnisse, Ziele und Meinungen sichtbar und besprechbar zu machen. Unterschiede und Gemeinsamkeiten müssen bewusstgemacht werden, um das Feld der Lösungen abzustecken. Vertrauen muss geweckt werden, um gemeinsames Handeln zu ermöglichen oder um sichtbar zu machen, wo die Grenzen gemeinsamer Verantwortung liegen. Bestimmte Fragetypen sind geeignet, dieses Ziel zu erreichen, andere ungeeignet:

Wenn ich frage, will ich etwas wissen, was ich noch nicht weiß:
- keine Lehrerfragen
- keine Fangfragen
- keine Suggestivfragen.

Wenn ich frage, bin ich neugierig, will ich neugierig machen auf die Antwort:
- keine banalen, langweiligen Fragen
- keine Wissensfragen
- keine peinlichen Fragen.

Wenn ich frage, will ich die Ohren öffnen, die Aufmerksamkeit wecken:
- keine Killerfragen
- keine Rechtfertigungsfragen.

Wenn ich frage, interessieren mich die vielen, individuell unterschiedlichen Meinungen:
- keine Ja/Nein-Fragen
- keine theoretischen Fragen.

Wenn ich frage, will ich Vertrauen wecken, füreinander anwärmen, Mauern abbauen:
- keine »Wer-ist-schuld-Fragen«
- keine abwertenden/beschönigenden Fragen (Wortwahl!).

Wenn ich frage, wende ich mich an die Gruppe, will nicht Einzelne beschämen, verletzen, ausschließen:
- keine Fragen, die zu Gesichtsverlust führen
- keine Fragen, die Einzelne hervorheben.

Die Kunst ist es, die richtige Frage im richtigen Augenblick zu stellen.

2. Es ist alles eine Frage der Haltung

Die Fragehaltung entspricht der Haltung des Moderators zu den Menschen. Deshalb ist es wichtig, mir bewusst zu machen, welches Menschenbild ich habe und wie ich die jeweilige Gruppe sehe. Denn genau das strahle ich auf die Gruppe aus, und sie wird es mir in Verhalten und Stimmung reflektieren. Auch wenn es weder mir noch der Gruppe zum Bewusstsein kommt, verrät mich alles: mein Blick, meine Bewegung, meine Ruhe oder Hektik, mein Tonfall. Alles drückt meine Meinung und mein Gefühl für die Gruppe aus. Das heißt nicht, dass ich mich verstellen soll, sondern dass ich mir meiner Haltung bewusst bin und dass ich meinen Anteil am Problem, das ich mit der Gruppe habe, nicht den Teilnehmern in die Schuhe schiebe. Die eigene Haltung zu erkennen heißt aber noch mehr: Es heißt, sich der eigenen Stärken und Schwächen bewusst zu sein. Wann ärgere ich mich, wann fühle ich mich angegriffen, was verletzt mich, wie lasse ich mich menschlich verwickeln – zum Beispiel durch Macht, Ehrgeiz, Eitelkeit oder Sympathie, Lob oder Zustimmung?

Das alles, was ich bin, wirkt ja auch auf die Teilnehmer. Das ist auch nichts Schlimmes. Ich muss nur wissen, was bei mir läuft, sonst baue ich mir selbst und der Gruppe böse Fallen auf.

Wenn ich zum Beispiel Angst habe, dass die Leute sich streiten, dass es laut wird, dann werde ich alles versuchen, um den Konflikt, durch den die Gruppe vielleicht hindurch muss, abzuwiegeln und im Keim zu ersticken. Dann bleiben die Leute zwar ruhig, aber es geht auch nichts weiter.

In so einem Fall muss ich erstens wissen, dass ich so reagiere, zweitens entweder die Angst überwinden oder mir einen Mitmoderator suchen, der davor keine Angst hat.

3. Nicht gegen die Gruppe ankämpfen

Alle Leute, die vorne stehen, neigen dazu, zu steuern. Die Position begünstigt die Annahme, man wisse, »wo es langgeht«.

Dem Moderator sollte bewusst sein, dass er zwar das Steuerrad bedient und weiß, wie die Maschine funktioniert, aber dass die Gruppe den Kurs angibt. Um ein guter methodischer Helfer zu sein, muss er sich inhaltlich heraushalten. Und das erfordert Übung und Selbstdisziplin.

Es entspricht ganz und gar nicht unserem normalen Verhalten, wenn wir meinen, wir hätten recht oder wüssten es besser, dies nicht irgendwie – verbal oder nonverbal – kundzutun. Das heißt aber, dass ich beim Moderieren eine ganze Reihe von Ich-Behauptungsmaßnahmen, die im Alltagsleben sehr nützlich sind, aufgeben muss:

- aufgeben, dass ich es bin, der die Gruppe irgendwohin haben will, und Vertrauen haben in das Wissen, die Fähigkeiten und den Willen der Teilnehmer;
- meinen eigenen Ehrgeiz aufgeben, den Leistungsdruck, dass doch etwas herauskommen muss, und schauen, was bei der Gruppe da ist und gefördert werden kann;
- meine eigene Meinung zum Thema, mein Engagement an einer Zielrichtung aufgeben und jede Meinung, so wie sie ist, annehmen und gelten lassen.

Nur unter diesen Bedingungen ist die Methode kein Trick (keine Manipulation), sondern »Hebammenkunst«.

4. Störungen haben Vorrang

Jede körperliche Störung (Hunger, Durst, Kälte, Schmerz etc.) und jede psychische Störung (Angst, Ärger, Traurigkeit) ist eine Lern- und Kommunikationsbarriere. Nicht bearbeitete Störungen verhindern oder verfälschen die Problemlösungen – beim Einzelnen wie bei der Gruppe. Je stärker ich die Störung zu unterdrücken versuche, desto mehr wird sie indirekt dominieren: Es werden reihenweise Nebenkriegsschauplätze eröffnet, Scheingefechte ausgekämpft, Rechtfertigungen gesucht, Widerstände aufgebaut.

Das Problem kann nicht gelöst werden, weil die Störung unbewusst das Suchmuster beherrscht. Wenn ich dagegen die Störung direkt angehe – auch wenn sie scheinbar nicht zum Thema gehört –, wird nachher die Bearbeitung des Problems, des Themas umso leichter und schneller erfolgen. Oft reicht sogar das Bewusstmachen, Ansprechen des Unbehagens, der Störung, um die Konzentration wieder herzustellen.

Wie erkenne ich Störungen?

Unbehagen liegt sozusagen in der Luft. Störungen teilen sich atmosphärisch meinem Gefühl mit. Unterstützt durch sensible Wahrnehmungen von Ausdruck und Verhalten der Teilnehmer, von verbalen und nonverbalen Signalen, kann ich Störung schon im Entstehen empfinden.

Wie gehe ich auf Störungen ein?

Mit einem Blitzlicht, einer Ein-Punkt-Frage kann ich Unbehagen sichtbar machen. Was dadurch nicht erledigt ist, muss weiter bearbeitet werden.

5. Unterscheide: wahrnehmen, vermuten, bewerten

Die meisten Missverständnisse zwischen Menschen entstehen dadurch, dass wir unsere Vermutungen über die Wirklichkeit nicht von der Wahrnehmung unterscheiden und dann die Vermutung auch sehr schnell in eine Bewertung ummünzen. Solange der Moderator diese drei Ebenen nicht zu trennen vermag, wird es Missverständnisse zwischen ihm und der Gruppe geben, weil er seine Projektionen nicht erkennen kann.

Beispiel:

Ich nehme wahr: Die Teilnehmer sitzen stumm und mit verschränkten Armen, einige schauen zum Fenster hinaus ...

Ich vermute: Sie langweilen sich.

Ich bewerte: Ich bin ärgerlich (ich rede doch nicht langweilig!) und bewerte das als (beleidigendes) Desinteresse an meinen interessanten Ausführungen!

Habe ich nicht gelernt zu unterscheiden, werde ich meine Aussage als Ist-Aussage formulieren. »Sie langweilen sich, also ...«, und die Gruppe hat nur die Wahl, mich auszulachen oder nun ihrerseits gekränkt zu sein. Auf jeden Fall muss sie nun aber gegen mich ankämpfen. Und so fort geht das Spiel.

Habe ich gelernt zu unterscheiden, dann mache ich für mich selbst erst einmal drei Vermutungen zu der einen Wahrnehmung:

Also:

Vermutungen:
1. Sie langweilen sich, oder
2. sie sind müde, oder
3. sie sind bedrückt.

Bewertungen:
1. Wir sind nicht beim richtigem Thema,
2. eine Pause ist fällig,
3. ein Konflikt liegt in der Luft.

Dann kleide ich meine Vermutungen in eine Frage oder äußere sie als meine subjektive Interpretation und lasse damit den Teilnehmern Raum, um ihre eigene Antwort, Vermutung, ihr Gefühl zu äußern. Ich gebe den Menschen die Chance, sich den Schuh anzuziehen oder nicht.

Es ist eine gute Übung, zu jeder Wahrnehmung drei Vermutungen zu finden und sich damit über die Natur der eigenen Vermutungen klarer zu werden.

Meistens entstehen Vermutungen, egal, ob sie zutreffen oder nicht, aus früheren Geschichten, die nichts mit dem »Hier und Jetzt« zu tun haben. Je klarer ich mir über die Geschichten bin, in die ich mich immer wieder verwickle, desto klarer kann ich davon das »Hier und Jetzt« unterscheiden und dann auch entscheiden, was wichtig ist und was nicht hierher gehört.

6. »Ich« statt »man«

Probieren Sie einfach aus, wie es ist, wenn Sie alle Sätze, in denen Sie normalerweise »man« verwenden, mit »ich« formulieren, – und Sie werden die Nützlichkeit dieser Regel sofort erkennen. Wenn sich alle »man soll«, »man muss«, »man tut (nicht)« in »ich soll«, »ich muss«, »ich tue (nicht)« verwandeln, dann wird klar, dass meine Beschreibung der Wirklichkeit erst mal »meine« ist und die Gültigkeit für irgendwen anderen dessen eigenes Problem ist.

Diese Regel ist ein Hilfsmittel, mehr Verantwortung zu übernehmen, mein Gefühl bei mir zu lassen und es nicht jemand anderem in die Schuhe zu schieben. Diese Haltung ist nützlich für jeden Menschen, notwendig aber für den Moderator, der sich, um moderieren zu können, von den Verwicklungen der Ansprüche, Gefühle, Spiele, die sich in einer Gruppe von Menschen ergeben, möglichst freihalten sollte.

Der Moderator ist in einer Gruppe das beliebteste Objekt für die Projektionen der Teilnehmer (z. B. »Er muss führen«, »Er muss den Überblick haben«, »Er muss Disziplin halten«, »Er muss die richtige Partei ergreifen«, »Er muss durchgreifen«, »Er muss wissen, was rauskommt«, »Er darf nicht manipulieren« etc.).

Wenn er ahnungslos gegenüber diesen Fallstricken darauf einsteigt, ist er geliefert. Deshalb ist es für ihn notwendig zu wissen, was er selber muss und will und wofür er die Verantwortung übernimmt. Dazu ist diese Regel ein nützliches Hilfsmittel.

7. Nonverbale Signale beachten

Wir nehmen ständig eine Menge von »Informationen« auf, die nicht über den Kanal Mund-Ohr gehen. Im Gegensatz zur sprachlichen Information sind diese nicht verfälscht, also sehr verlässlich, wenn ich sie verstehen kann. Die Körpersprache, also Mimik, Gestik, Haltung und Bewegung des gesamten Körpers, vermittelt Botschaften, die manchmal den verbal ausgesandten widersprechen können.

Ob jemand sich am Kopf kratzt, die Stirn runzelt, die Augen niederschlägt oder mit dem Finger in der Luft herumsticht, um Teilnehmer aufzuspießen – all das ist eigentlich recht unmittelbar verständlich, wenn wir beginnen, darauf zu achten. Auch die Ausstrahlung, die Atmosphäre, die einen Menschen umgibt, können wir wahrnehmen, und sie sagt viel darüber aus, was mit diesem Menschen los ist.

Mit diesen Signalen arbeiten zu können ist eine Frage des Schwerpunkts der Konzentration. Normalerweise sind wir auf die verbale Aussage konzentriert, und alle anderen Botschaften wirken unterschwellig, ohne dass sie uns bewusst werden.

Es ist eine gute Übung, streckenweise die verbale Kommunikation – wie Hintergrundmusik – nur mitzuhören und die nonverbale Aussage in den Brennpunkt der eigenen Konzentration zu stellen.

Der Moderator hat aber nicht die Aufgabe, dem Teilnehmer die Verantwortung für sein Unbehagen abzunehmen, sondern die Aufgabe, ihm die Möglichkeit zu geben, seine Stimmung auszudrücken.

8. Nicht bewerten und beurteilen

Auch der Moderator ist ein Mensch mit Wertungen, Meinungen und Vorurteilen. Solange er jedoch moderiert, muss er seine persönlichen Bewertungen zurückstellen und jeden Menschen und jede Meinung gleich wichtig und neutral annehmen. Nur wenn er keine Meinung inhaltlich wertet, wird jeder Gruppenteilnehmer Vertrauen in seine Neutralität haben.

»Nicht bewerten und beurteilen« gilt nicht nur für die Meinungen, sondern auch für das Verhalten der Teilnehmer. Denn jedes Verhalten signalisiert eine für die Moderation wichtige Stellungnahme, ein Problem, ein Unbehagen etc. Diese Signale muss der Moderator so, wie sie sind, annehmen und für die Moderation umsetzen; das heißt, er muss eine Störung bearbeiten, einen Konflikt sichtbar machen. Moralische Beschimpfungen und Appelle bringen nicht nur nichts, sie sind wie Scheuklappen, die den Moderator daran hindern, wichtige Botschaften aus der Gruppe zu verstehen, und dagegen wird sich die Gruppe zu Recht wehren. Das führt höchstens zu einem mehr oder weniger versteckten Kampf zwischen Gruppe und Moderator, aber nicht zur sinnvollen Steuerung der Diskussion.

9. Sich nicht rechtfertigen

Ein altes französisches Sprichwort sagt: »Qui s'excuse s'accuse« (»Wer sich entschuldigt, klagt sich an«). Das können wir übernehmen. Zumindest ist Sich-Rechtfertigen überflüssig und führt meistens zu einem unfruchtbaren Hin- und Herschieben von Vorwürfen. Wenn die Gruppe eine Situation provoziert, in der der Moderator sich oder die Methode rechtfertigen soll, sucht sie meistens einen Sündenbock für Schwierigkeiten, denen sie sich nicht stellen will. Geht der Moderator auf die Provokation ein und rechtfertigt sich, so ist er der Gruppe auf den Leim gegangen, denn jetzt beginnt ein Spiel, das nicht so leicht zu beenden ist. Es ist auf jeden Fall ein Sieger/Verlierer-Spiel, und der Ankläger will siegen. Beides, siegen oder verlieren, ist von Nachteil für die weitere Moderation, weil in beiden Fällen das Vertrauen geschädigt wird.

Besser ist es wiederum, die Hintergründe für die Provokation zu erfragen, also die Störung zu bearbeiten und die abgeblockte Energie wieder für die Diskussion des Problems freizusetzen.

10. Nicht über die Methode diskutieren

Während der Moderation eines Problems über die Methode zu diskutieren ist wie über Liebe zu reden statt zu lieben. Moderieren besteht in methodischen Aktionen und nicht im Darüber-Reden.

Geht der Moderator auf die Provokation aus der Gruppe ein, erst mal über die Methode zu reden, kann es lange dauern, bis er zum Moderieren kommt. Meist ist das Darüber-reden-Wollen ein Nebenkriegsschauplatz. Es signalisiert: »Wir wollen nicht an das Problem heran« – aus welchen Gründen auch immer. Dann ist es besser, nicht in die Falle zu tappen, sondern herauszuarbeiten, was der Problembearbeitung im Weg steht, aus welchen Gründen die Gruppe blockiert. Ist es nur der Versuch eines Einzelnen, bringt oft eine Handlung, etwa das Austeilen von Karten und Filzstiften, und eine Arbeitsanweisung eine Änderung, um über die Klippe hinwegzukommen.

Selbstverständlich kann man in Pausen oder in einer extra dafür vorgesehenen Zeit über die Methode reden, weil es ja die Teilnehmer meist auch interessiert. Nur sollte der Moderator nicht darüber reden, anstatt zu moderieren. Es ist ohnehin erst sinnvoll, mit Teilnehmern über die ModerationsMethode zu reden, wenn sie sie erlebt haben.

Eine ganz andere Situation ist natürlich gegeben, wenn der Moderator andere Moderatoren ausbildet: Dann ist die Moderation Inhalt der Diskussion.

11. Zu zweit moderieren

Der wichtigste Unterschied zum Lehrer oder Diskussionsleiter ist der, dass »der Moderator« zwei Menschen sind.

»Der Moderator« steht der Teilnehmergruppe als Kleinstgruppe gegenüber und nicht als Einzelperson, auf die sich alle fixieren. Zwei Menschen bieten den Teilnehmern ein wesentlich breiteres Verhaltensspektrum zur Orientierung als einer. Wem der eine Moderator nicht sympathisch ist, dem liegt vielleicht der andere, so dass jeder einen Anknüpfungspunkt für sich finden kann.

Da Moderation sehr viel spontane Reaktion und Improvisation erfordert, sind sich die Moderatoren beim Erfinden gegenseitig Gesprächspartner. Sie unterstützen einander in schwierigen Situationen, einer kann den anderen ablösen, wenn er sich festgefahren hat oder bei der Gruppe im Moment nicht ankommt.

Zu zweit sein ist aber auch aus technischen Gründen notwendig. Einer sollte immer Augenkontakt zur Gruppe halten, wenn der andere der Gruppe den Rücken zukehrt und an der Tafel schreibt. Viele parallele Tätigkeiten – etwa Punkte schneiden und verteilen, zählen, Arbeitsanweisungen geben, klumpen – erfordern die Kooperation der Partner. Bei einem einzelnen würde die Technik zu schwerfällig werden, so dass die Gruppe eher ungeduldig reagiert. »Vier Augen sehen mehr als zwei« – auch bei der Beobachtung der Gruppe, dem Erfühlen von Stimmungen, dem Reagieren auf kleinste Signale müssen sich die Moderatoren mit ihrer Konzentration und Sensibilität ergänzen. Der Wechsel – visuell und erlebnismäßig – der beiden Moderatoren wirkt auf die Gruppe ebenfalls belebend und anregend. (Immer nur ein Gesicht, eine Stimme ermüdet.)

12. Je nachdem

Diese letzte und zugleich oberste Regel des Moderierens besagt, dass ich die elf vorhergehenden wieder »vergessen« muss, weil sie mir selbstverständlich geworden sind – und dann der Situation entsprechend handeln muss.

Mit einer Analogie ausgedrückt: Wenn ich Tiefschneewedeln kann oder ein guter Pianist bin, muss ich die Regeln des Skifahrens oder des Klavierspiels auch wieder »vergessen«, um mich voll dem Genuss der Abfahrt oder der künstlerischen Interpretation eines Stückes zu widmen.

Wenn ich Regeln und Instrumentarium beherrsche, kann ich »je nachdem«, der Situation entsprechend, handeln. Ich muss nicht an vorgegebenen Rezepten und Abläufen kleben, sondern kann mich von meiner Intuition leiten lassen. Das setzt viel Übung und Erfahrung voraus, deswegen ist »je nachdem« handeln zu können eine Kunst und nicht nur schematische Anwendung einer Technik.

»Je nachdem« heißt, Moderation gruppenspezifisch, flexibel und situativ einzusetzen. Mit einem Paradoxon gesagt: Es kann auch mal die beste Moderation sein, mit der Moderation aufzuhören.

Je nachdem!

Anmerkung

Wer ist als Moderator besonders geeignet?

Wir werden oft gefragt, ob sich bestimmte Menschen mehr zum Moderator eignen als andere, ob es so etwas wie moderatorisches Talent gäbe.

Unserer Erfahrung nach ist die wichtigste Voraussetzung, dass jemand moderieren will und davon überzeugt ist, dass Moderation brauchbar ist. Alles andere ist eine Sache der Übung und Erfahrung. Beim Moderierenlernen fällt dem einen schwerer, was dem anderen in den Schoß fällt. In der Anwendung bilden sich dann so etwas wie »Moderationshandschriften« heraus.

Jeder passt sich die Moderation seinem Wesen und seinen Fähigkeiten an – und erst dann passt ihm auch die Moderation. Es gibt so viele Moderationsstile, wie es Moderatoren gibt. Und es gibt auch so etwas wie eine Wahlverwandtschaft zwischen Problem, Gruppe und Moderationsstil.

Diese Stile zu berücksichtigen ist auch wichtig bei der Wahl des Kooperationspartners. Nicht alle Stile passen zusammen, aber manche ergänzen sich besonders gut.

Visualisierung

Wir verfügen über fünf Sinne, wir verfügen also über fünf Wahrnehmungskanäle. Trotzdem nutzen wir für die meisten Kommunikationsprozesse nur einen Wahrnehmungskanal: das Ohr!

Die Konzentration und Aufmerksamkeit wird jedoch durch die optische Ansprache erheblich gesteigert. Darüber hinaus wird durch den Wahrnehmungskanal Auge die Merkfähigkeit gestärkt. Das gleichzeitig Gehörte und Gesehene bleibt besser im Gedächtnis haften.

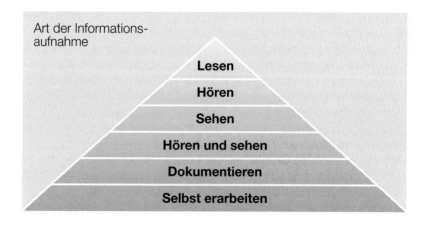

Vorteile der Visualisierung für Gruppenarbeiten:

- Visualisierte Aussagen erleichtern eine gleiche Interpretation bei allen Teilnehmern und erhöhen die Chance, Probleme konkreter zu diskutieren und alle Teilnehmer auf einen gemeinsamen Punkt zu konzentrieren.
- Die Visualisierung zwingt den Darstellenden zu einer Selektion zwischen wesentlichen und unwesentlichen Informationen. Dadurch wird die Aufnahmekapazität der Teilnehmer nicht überfordert.
- Verbal schwierig zu erklärende Sachverhalte sind durch die Unterstützung der Visualisierung leichter zu vermitteln. Dadurch lassen sich Informationsgefälle einfacher ausgleichen.
- Visualisierungen ermöglichen es, Ergebnisse und Aussagen – für alle sichtbar – sofort darzustellen und festzuhalten; es entstehen so keine nachträglichen Schwierigkeiten bei Zusammenfassungen, Dokumentationen, Informationsweitergaben und Interpretationen.

Grundbausteine für den Prozess der Moderation

Visualisierung für die Gruppenarbeit

Visualisierung für die Gruppenarbeit heißt, Plakate so vorzubereiten, dass die Gruppe damit arbeiten kann: Fragen, Raster, Listen und Szenarien entwerfen.

Im folgenden Teil finden Sie die Regeln, die für diese Visualisierung gelten, einzeln aufgeführt und erklärt. (Plakattypen, die ständig gebraucht werden, sind zusammenhängend mit den Antworttechniken dargestellt.)

Grundsätzlich gilt für die Visualisierung während der Gruppenarbeit, dass
- sie die präzise Erklärung der Arbeitsanweisung ergänzt und nicht ersetzt;
- sie hilfreich für die Gruppe sein soll, also klar und deutlich angeordnet und geschrieben;
- aus den Plakaten ausstrahlt, wie der Moderator die Menschen achtet und ihre Arbeit wichtig nimmt;

Visualisierung

- je besser die Visualisierung vorbereitet ist, desto flüssiger die Moderation läuft;
- auch Informationseingaben, die für die Gruppenarbeit wichtig sind, in gleicher Weise visualisiert werden müssen.

Die Visualisierung ergänzt die Rede
Sie soll die Aufmerksamkeit des Teilnehmers verstärkt auf den Punkt lenken, der in der Rede vorkommt. Es genügt deshalb, in Stichworten zu visualisieren.

Schrift

Verwenden Sie zwei Schriftgrößen
- Filzstifte mit einer Strichstärke von ca. 1 cm für Überschriften, Betonungen, Linien, Zahlen und Pfeile (Schriftgröße 5 Zentimeter)
- Filzstifte mit einer Strichstärke von ca. 0,5 cm für Kartenbeschriftung und Texte auf dem Plakat (Schriftgröße 2,5 Zentimeter).

Richtige Haltung des Filzstifts beachten
- Bei einer Strichstärke von 0,5 cm den Filzschreiber so in die Hand nehmen, dass die hohe Kante zum Daumen zeigt, dann mit voller Breitseite schreiben und nicht mehr drehen

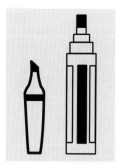

- bei einer Strichstärke von ca 1 cm den Filzschreiber so in die Hand nehmen, dass die hohe Kante zum Papier zeigt, mit voller Kante (Giebelseite) schreiben und nicht mehr drehen.

Groß- und Kleinbuchstaben verwenden
Das Auge kann sich schneller an der optischen Gliederung orientieren. Sie entspricht der europäischen Schreib- und Lesegewohnheit.

Druckschrift schreiben
Druckschrift ist besser lesbar und wird disziplinierter geschrieben. Sie ist auch hilfreich bei der Aufteilung von Schrift auf den Moderationskarten oder dem Plakat.

Kurze Ober- und Unterlängen
Wirkt optisch blockartig und gibt ein klares Schriftbild, die Größe der Schrift bemisst sich nach der Mittelhöhe.

Buchstaben eng aneinander schreiben
Das Auge erfasst mehr auf einen Blick. Schmales Schreiben unterstützt die Blockwirkung der Schrift.

Nicht optisch brüllen, nicht optisch nuscheln
Weder zu groß (nicht über 5 Zentimeter) noch zu klein (nicht unter 2,5 Zentimeter) schreiben, genau wie in der verbalen Rhetorik: weder zu laut noch zu leise. Die angegebene Schriftgröße bezieht sich auf eine maximale Entfernung von acht Metern zwischen Tafel und Teilnehmern, das heißt auf eine Gruppengröße von ca. 20 Teilnehmern.

Elemente der Visualisierung

- Karten in den vier Farben (weiß, hellgrün, gelb oder orange) für Ablage und Text
- Kuller in vier Farben für Teilnehmerzuordnung und Betonung
- Ovale in vier Farben für die schriftliche Diskussion
- Überschriftstreifen in den vier Farben
- Klebepunkte für Bewertungen
- Konfliktpfeil zum Kennzeichnen von Konflikten (Pfeile nur sparsam verwenden, Linien für Listen immer mit dickem Stift)

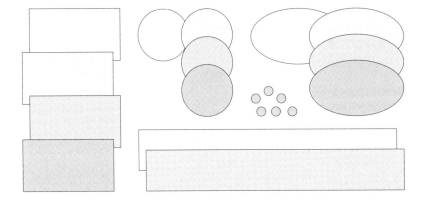

- vier Filzstiftfarben (schwarz, blau, rot, grün) für Visualisierungen ohne Karten
- Freifläche einplanen. Sie gliedert die Visualisierung und symbolisiert den geistigen Raum für die Mitarbeit der Gruppe.
- Elemente sparsam verwenden (sparsame Verwendung dient der Klarheit und Präzision der Visualisierung eines Gedankens).

Anordnung der Elemente

Lesegewohnheit beachten
Wir orientieren uns selbstverständlich an der für unseren Kulturkreis gängigen Lesegewohnheit von links nach rechts, von oben nach unten. Entsprechend muss die Darstellung der Zusammenhänge diesem Rhythmus folgen, sowohl innerhalb eines Plakats als auch in der Plakatreihenfolge.

Collagetechnik nutzen
Die Zusammenstellung der Visualisierung aus Überschriftstreifen, Karten und Kullern ermöglicht ein Ausprobieren von verschiedenen Anordnungen, ohne jeweils das ganze Plakat verändern zu müssen.

Eine Frage, einen Sinnzusammenhang auf ein Plakat bringen
Die Einheit des Gedankens ist sinnlich ausgedrückt in der Einheit des Plakats. Das ist hilfreich auch für nachträgliche Veränderung von Zusammenhängen zwischen einzelnen Plakaten.

Blöcke bilden
Schriftblöcke sind vom Auge besser erfassbar und besser zuzuordnen. Überschriften (Fragen) werden immer als Block in die linke obere Ecke gesetzt.

Linien auf Listen immer in kartenbreitem Abstand voneinander ziehen (zirka 18 Zentimeter)
Erstens orientiert sich das Auge an dem Raster der Karte. Zweitens ist es praktisch, um Karten direkt in die Liste zu hängen.

Wirkung des Plakats testen
Erst wenn ich mein vorbereitetes Plakat aus Beschauerdistanz betrachte, kann ich beurteilen, ob die Wirkung die erwünschte ist.

Optisch pointieren

Farbe und Form sind Bedeutungsträger
Der Farbe und Form soll bewusst Bedeutung verliehen werden, nur dann kann ich sie zielgerichtet einsetzen. Immer nur einen Bedeutungsträger, entweder Farbe oder Form, wechseln. Sparsame Verwendung unterstützt die Klarheit des Gedankens.

Keine Bilderrätsel
Keine komplizierten Bilder malen, sie verwirren mehr, als dass sie klären, weil zu viel erklärt werden muss. Außerdem wirkt es abschreckend auf Menschen, die nicht malen können.

Die folgenden Regeln betreffen vor allem vorbereitete Visualisierungen.

Überschriften, Pointen, Mottos optisch hervorheben
Hervorhebung dient der gemeinsamen Konzentration auf einen Gedanken. Sie zeigt den Anfang eines Prozesses, den Schwerpunkt

eines Gedankens an. Mittel der Hervorhebung sind etwa die Wolke, die Umrahmung, der Kulier, eine grüne Karte in einer Reihe von gelben etc.

Struktur der Visualisierung an der Botschaft ausrichten
Mittel und Formen der Darstellung sollen das Gesagte deutlich und klar ausdrücken. Folgende Strukturen sind neben der Hervorhebung Mittel für optische Pointierung:

Reihung
Reihung dient der Aufzählung von Elementen, die gleichrangig sind, noch nicht gewichtet wurden. Mindestens drei Elemente sind erst eine Reihung, maximal zehn Elemente sind noch zu überschauen.

Rhythmus
Rhythmus ist die regelmäßige Anordnung von verschiedenen Elementen oder wechselnde Anordnung gleicher Elemente. Die rhythmische Struktur wird dann eingesetzt, wenn Punkte unterschiedlicher Wertigkeit angeführt werden oder Gruppen von Merkmalen als zusammengehörig gekennzeichnet werden sollen. Rhythmische Nähe und Entfernung kann den Gedanken gliedern helfen.

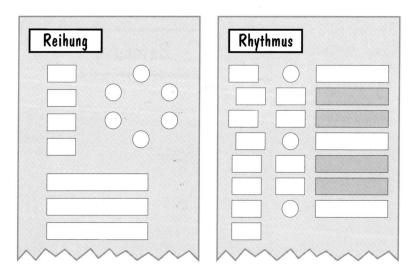

Dynamik
Dynamik ist eine offene Struktur, eine »Struktur in Bewegung«. Sie eignet sich vorzüglich zur Darstellung von Sichtweisen, die herausfordern, provozieren wollen, auch für Konfliktsituationen oder sehr unklare Zustände, Abhängigkeiten und Zusammenhänge.

Visualisierung

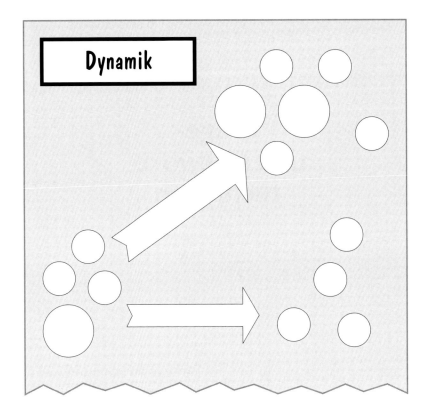

Frage- und Antworttechniken

Zusammen mit der Visualisierung ist die Frage- und Antwortmethode das wichtigste Gestaltungsinstrument des Moderators. Drei Aspekte greifen dabei ineinander. Nur wenn alle drei Komplexe in dieser Abhängigkeit gelöst werden, wird die Gruppe ein brauchbares Arbeitsergebnis erzielen.

- Ziel, Absicht, Inhalt
- Frageformulierung
- Frage- und Antworttechniken

Ziel, Absicht, Inhalt

Bevor der Moderator an die konkrete Formulierung der Frage herangeht, muss er sich über die genaue formale Zielsetzung der gesamten Veranstaltung wie des einzelnen Moderationsschrittes im Klaren sein. Das bedeutet zum Beispiel:
- Soll die Gruppe alle zum Thema gehörenden Probleme sammeln?
- Soll die Gruppe neue Ideen und Lösungsansätze zu schon bekannten Problemstellungen erarbeiten?
- Sollen die Teilnehmer die unterschiedlichen Interessenlagen einander transparent machen?

Frageformulierung für die Arbeit mit Gruppen

Die Art der Frage unterscheidet zwischen »guten« und »schlechten« Fragen. »Gut« sind solche Fragen, die der Gruppe einen tatsächlichen und nicht nur vorgetäuschten Handlungsspielraum einräumen, »schlecht« sind dagegen solche Fragen, die die Gruppe schon durch ihre Formulierung in eine bestimmte inhaltliche Position drängen. In diesem Sinne sind eine Reihe von Fragearten, die z. B. aus dem Verkaufstraining oder der Verhörpraxis als erfolgreich bekannt sind, als Gruppenfrageart ungeeignet.

Während im Verkaufsgespräch der Gesprächspartner in eine bestimmte Handlungsrichtung, nämlich den Kauf, gedrängt werden soll, ist es gerade in Gruppenprozessen, deren Ziele von der Gruppe selbst gesteuert werden sollen, notwendig, ein Instrumentarium anzubieten, das eine solche Selbststeuerung ermöglicht. Wir halten nur solche Fragearten für »gute« Fragen, die diesen Selbststeuerungsprozess der Gruppe fördern. In diesem Sinn sind:

Gute Fragen	Schlechte Fragen
offene Fragen	rhetorische Fragen
Fragen, die eine differenzierende Antwort ermöglichen	Ja/Nein-Fragen
	peinliche Fragen (Fragen, die zu Gesichtsverlust führen)
Fragen, die zur Beantwortung reizen	Lehrerfragen (... deren Ergebnis richtig oder falsch sein kann)
für alle verständliche Fragen	inquisitorische Fragen
	Fangfragen
	Fragen, deren Ergebnis selbstverständlich ist.

Antworttechniken im Überblick

Beantwortung mit einem Punkt
(Ein-Punkt-Frage)

Wofür?
Erfragen von
- Meinungen
- Haltungen
- Schätzungen
- Erwartungen
- Stimmungen

Dauer:
ca. fünf Minuten

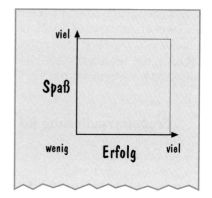

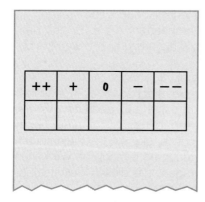

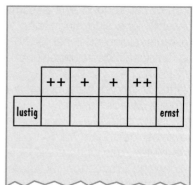

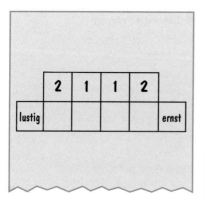

Offene Beantwortung

Wofür?
Sammeln von
- Problemen
- Themen
- Ideen
- Lösungsansätzen

Dauer:
ca. zehn Minuten

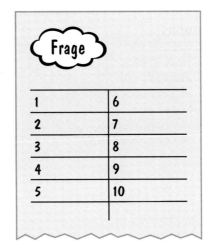

Beantwortung mit Karten

Wofür?
Anonymes Erfragen und Sortieren von
- Problemen/Themen
- Erwartungen
- Ideen
- Lösungsansätzen

Dauer:
ca. 30 Minuten

Frage- und Antworttechniken

Beantwortung mit mehreren Punkten
(Mehr-Punkt-Frage)

Wofür?

Festlegen von
- Prioritäten
- Reihenfolgen

Erfragen von
- Ausprägungen einzelner Merkmale

Speicher/Liste

Polaritäten

Welche Alternativen bevorzugen Sie mit welcher Intensität?

Eigenschaften	2	1	1	2	Eigenschaften
introvertiert					extrovertiert
spielerisch					ernsthaft

Gewichtung

Wie wichtig sind Ihnen die einzelnen Kriterien?

Kriterien	0	1	2	...n	%	Rang
1 Leistung						
2 Antriebsart						
3 Farbe						
4 Ausstattung						
5						

Dauer:

ca. zehn Minuten

Beantwortung in Kleinst- oder Kleingruppen (Kleingruppen-Szenarien)

Wofür?
Sammlung und Bearbeitung von
- Problemen
- Ideen
- Lösungen

Dauer:
20-60 Minuten

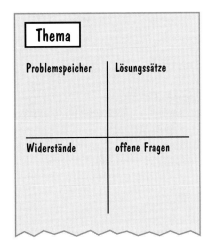

Die Techniken

Beantwortung mit einem Punkt (Ein-Punkt-Frage)

Die meisten Fragen sind nicht mit einem eindeutigen Ja oder Nein zu beantworten. Eine Frage, die als Antwort nur Ja oder Nein zulässt, kennzeichnet deshalb häufig nicht die tatsächliche Meinungsvielfalt der Gruppe. Hinzu kommen häufig Stimmungen zum Tragen, die nur mittelbar etwas mit den geäußerten Sachargumenten zu tun haben. Deshalb ist es wichtig, den Grad der Zustimmung oder Ablehnung zu wissen.

Durchführung

Die Moderatoren stellen die auf einem Plakat visualisierte Frage mit dem entsprechenden Antwort-Raster vor. Danach bekommt jeder Teilnehmer einen Selbstklebepunkt mit der Bitte, diesen zur Beantwortung der Frage zu benutzen.

Die Interpretation des Gruppenergebnisses sollte von der Gruppe selbst vorgenommen werden, etwa durch die Frage: »Was sagt Ihnen dieses Bild?« oder »Was hat Ihre Antwort beeinflusst?«.

Die Moderatoren schreiben diese Antworten stichwortartig auf das Plakat. Dies ist besonders wichtig bei stark streuenden Antworten, da der Einsatz der Ein-Punkt-Frage – ohne Hinterfragen – nur ein sehr grobes Bild liefert.

Beispiele

Gleitende Skala
- Die Linie für die Skala kommt in die Mitte des Blatts in die obere Hälfte.
- Die Länge der Linie bemisst sich nach der Gruppengröße, so dass eine deutliche Streuung sichtbar werden kann.
- Unterhalb der Skala sollte Platz sein, um die Kommentare der Gruppe zu notieren.

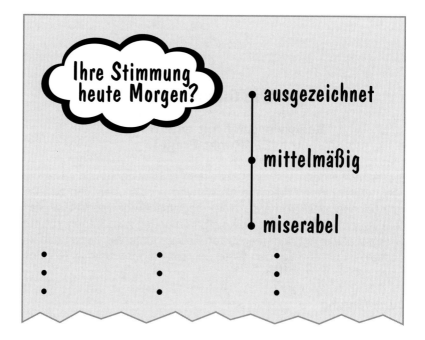

Gestufte Skala
- Die Felder für die Punkte sollen geschlossen sein und groß genug, dass alle Teilnehmer noch in ein Feld kleben könnten, ohne dass sie die Punkte übereinanderkleben müssten.
- Statt der Bezeichnung der einzelnen Felder von ++ bis -- kann auch eine Beschriftung vorgenommen werden. Unterhalb der Skala muß Platz für Zuruf-Kommentare bleiben.

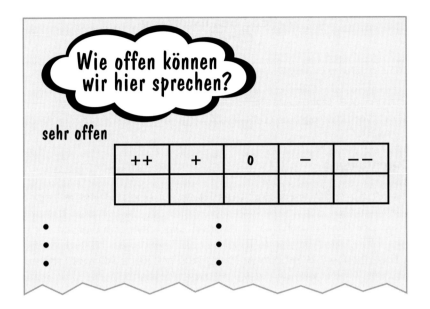

Koordinatenfeld
- Die Größe des Feldes orientiert sich an der Gruppengröße.
- Die Bezeichnung der Koordinate (zum Beispiel »Spaß«) wird in die Mitte der Linien geschrieben, die jeweiligen entgegengesetzten Ausprägungen werden an die Eckpunkte gesetzt.
- Darunter soll Platz für Kommentare bleiben.
- Alle vier Ecken müssen einen Sinn ergeben und der Gruppe erläutert werden.

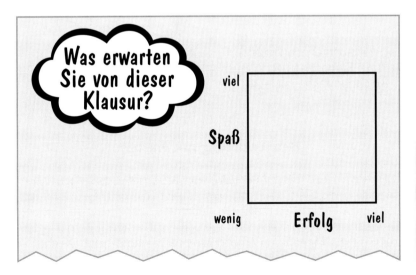

Weitere Beispiele s. S. 117 Situationsbezogener Einsatz von Moderations-Methoden

Offene Beantwortung
(Zuruf-Frage)

Die Zuruffrage eignet sich, wenn
- die Frage nicht allzu langes Nachdenken erfordert,
- eine gegenseitige Anregung der Teilnehmer gewünscht wird,
- der Vertrauensgrad in der Gruppe Anonymität nicht erforderlich macht.

Durchführung

Die Moderatoren visualisieren die Frage auf einem Plakat mit einer vorbereiteten Liste. In die Felder schreiben sie die von den Teilnehmern per Zuruf gegebenen Antworten. Die Antworten werden ohne Beachtung des systematischen Zusammenhangs hintereinander aufgeschrieben. Wie beim Brainstorming soll keine Antwort kritisiert werden. Alle Nennungen werden aufgeschrieben.

Ein nachträgliches Sortieren ist durch Übertrag in eine neue Liste möglich, indem man Antwort für Antwort durchgeht und sie dabei zusammenzufassen versucht.

Wie bei der Karten-Frage können anschließend Schwerpunkte durch eine Mehr-Punkt-Frage gebildet werden.

Beispiel Zuruf-Frage:

- Die Frage ist eine Überschrift, wird also blockartig in die linke obere Ecke gesetzt und betont (Wolke, Unterlegung usw.).
- Zuruf-Fragen werden in zwei Kolonnen mitgeschrieben.

Beantwortung mit Karten

Bei mehr als fünf Teilnehmern an einer Sitzung ist es zeitlich sehr aufwendig, ständig die Meinung aller zu einem Problem zu erfragen. Deshalb unterbleibt es meist, Gruppentransparenz herzustellen, und die weniger aktiven Teilnehmer werden nicht aktiviert. Ferner unterbleibt es fast immer, den emotionalen Hintergrund einer Diskussion ausfindig zu machen.

Bei vielen Problemdiskussionen sind die Teilnehmer nicht bereit, offen über ihre Probleme und Wünsche zu reden. Aus Unkenntnis der tatsächlichen Schwierigkeiten bleiben dann Veranstaltungen folgenlos. Durch eine Kartenfrage wird es den Teilnehmern ermöglicht, weitgehend anonym auf Fragen zu antworten. Häufig erleben dadurch die Teilnehmer, dass andere die gleichen oder ähnliche Probleme haben, über die sie nicht gewagt hätten, offen zu sprechen.

Dieses Erlebnis trägt dazu bei, dass der Vertrauensgrad und damit die Offenheit in der Gruppe zunimmt.

Durchführung

Die Moderatoren stellen die visualisierte Frage an die Gruppenteilnehmer. Die Teilnehmer schreiben ihre Antwort mit Filzschreibern deutlich lesbar auf eine Karte (für jede Aussage nur eine Karte benutzen!). Die Karten werden auf einer Pinnwand gesammelt, umsortiert und anschließend nach Gemeinsamkeiten geordnet. Es empfiehlt sich, die Wand mit Packpapier zu bespannen, um die Karten anschließend aufzukleben. Der Sortiervorgang erfolgt gemeinsam mit der Gruppe nach dem Assoziationsverfahren. Die Gruppe entscheidet, welche Fragen »zusammengehören«. Daraus entstehen »Klumpen« von Karten, weshalb dieser Vorgang »das Klumpen« oder auch »Clustern« genannt wird. Sind alle Karten geordnet, werden die Klumpen mit einem dicken Filzstift eingerahmt und mit einer Überschrift versehen, die sich so weit wie möglich an die Formulierung der Kartenbeiträge halten soll.

Eine Variante zum unsortierten Aufhängen vor dem Klumpen: Die Moderatoren sammeln alle Karten und behalten sie in der Hand. Nachdem alle Teilnehmer mit Kartenschreiben fertig sind, beginnt das Klumpen »aus der Hand«. Jede Karte wird einzeln vorgelesen, den Teilnehmern gezeigt und mit ihnen gemeinsam zugeordnet. Es besteht auch die Möglichkeit, zwei Fragen gleichzeitig an die Gruppe zu stellen, zum Beispiel:

In diesem Fall werden die Kartenfarben für die Antworten vorher – für alle sichtbar – festgelegt.

Die Moderatoren schreiben die Frage auf eine Karte der entsprechenden Farbe und hängen sie an die vorbereitete Pinnwand. Auf diese Weise können sich die Teilnehmer jederzeit über die richtige Kartenfarbe für ihre Antwort informieren.

Die Antworten werden wie oben geklumpt, wobei man entweder die Farben getrennt hält, falls in der weiteren Bearbeitung getrennt über die Aspekte (z. B. positiv/negativ) weiterdiskutiert werden soll, oder man nimmt sie, wie sie kommen, falls die Informationen anschließend thematisch geordnet werden sollen.

Beantwortung mit mehreren Punkten (Mehr-Punkt-Frage)

In Gruppen-Zusammenkünften passiert es häufig, dass über einen einzelnen Problemaspekt heiß diskutiert wird, ohne dass die Teilnehmer einen Überblick über die gesamte Problematik haben. Meist wird ein Teilproblem vom Hierarchen, Redelöwen, Gesprächsleiter, Argumentations-Rocker, Initiator, Moderations-Travolta zur Diskussion gestellt.

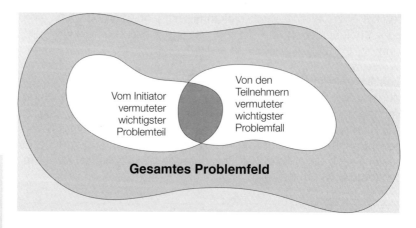

s. S. 117
Situations-
bezogener
Einsatz von
Moderations-
Methoden

Um diese Einseitigkeit zu vermeiden, lohnt es sich, zunächst einmal alle Problembestandteile zu erfassen, um anschließend erst die Reihenfolge für die Diskussion festzulegen.

Durch Auslassen dieses methodischen Schritts wird vermeintlich Zeit gespart, was aber häufig dazu führt, dass diese fehlende »Arbeitsvorbereitung« Diskussionen entfacht, die nur noch wenig mit den wirklichen Problemen der Teilnehmer zu tun haben.

Durchführung

Speicherbewertung

Die verschiedenen in der Diskussion genannten Aspekte werden auf einem Packpapier aufgelistet, nachdem sie entweder durch Kartenfrage oder durch Zuruf gesammelt worden sind. Danach werden die Klumpenüberschriften oder die durch Zuruf entstandenen Oberpunkte in einen Bewertungsspeicher übertragen.

Die Teilnehmer erhalten Selbstklebepunkte, und zwar etwa halb so viele, wie Aspekte zur Auswahl stehen (je größer die Zahl der Teilnehmer, desto niedriger sollte die Zahl der Punkte sein).

Wichtig ist, dass die Moderatoren den Gesichtspunkt der Auswahl (der »Punkte«) genau angeben. Es können also die wichtigsten Aspekte ausgewählt werden, oder die am schnellsten zu realisierenden oder die kreativsten usw. Jedesmal wird die Auswahl der Gruppe anders ausfallen!

Das Punkten soll teilanonym, das heißt, zwar für alle sichtbar, aber für alle mit der gleichen Punktfarbe und -zahl erfolgen, da:
- geheimes Kleben in der Regel konsequenzlos bleibt,
- Koalitionsbildungen beim Kleben gruppendynamisch erwünscht sind.

Die ranghöchsten Probleme/Themen können nun weiterbearbeitet werden, zum Beispiel in Kleingruppen.

Themenspeicher

- Im Speicher werden Themen, Probleme, Vorschläge, Ideen gesammelt, um nachher bewertet zu werden. Die Spalte für den Klebepunkt muss groß genug sein, um Punkte und Zahl der Punkte aufzunehmen; Anzahl der Punkte mit dickem Filzstift festhalten. In die mit »R« bezeichnete Spalte wird der Buchstabe für die Rangordnung geschrieben.
- Den Linienabstand so wählen, dass Sie bequem eine Karte hineinhängen können (ca. 18 cm).
- Oben muss genügend Platz bleiben, um eine Karte mit der Bewertungsfrage hineinzuhängen.
- Es empfiehlt sich, – der besseren Übersicht halber – vorher zu nummerieren.

▪ Eine Umrandung der gesamten Liste ist unnötig. Sie kostet nur Platz.

Themenspeicher

Was interessiert mich jetzt am meisten?

Themen	•	Rang	Themen	•	Rang
1			7		
2			8		
3			9		
4			10		
5			11		
6			12		

Polaritäten-Gewichtung

Weitere Anwendungsmöglichkeiten der Mehr-Punkt-Frage sind Polaritäten und einfache Gewichtungen. Von der Speicherbewertung unterscheidet sich diese Form dadurch, dass jede Zeile (Kriterium, Eigenschaft, Merkmal etc.) je einen Punkt erhält. Es sollen nicht mehr als acht Zeilen zur Gewichtung angeboten werden, da die Teilnehmer sonst leicht den Überblick verlieren. Der Teilnehmer kann für jede Zeile die Bedeutung (Intensität der Zustimmung oder Ablehnung) mit einem Punkt festlegen.

Folgende Varianten sind möglich:
▪ Gegensatzpaare zur Gewichtung
Für den Fall, dass unentschiedene Meinungen zugelassen werden sollen, kann man in der Mitte eine O-Spalte vorsehen.

Frage- und Antworttechniken

> **Wie wichtig sind Ihnen die einzelnen Kriterien?**

Themen	0	1	2	...n	E	Rang
1 Leistung						
2 Antriebsart						
3 Farbe						
4 Ausstattung						
5						

■ Einfache Gewichtung
Die einzelnen Punkte in den jeweiligen Spalten werden mit der jeweiligen Ziffer (z. B. 0, 1, 2, ... n) multipliziert und pro Zeile addiert. Die Gesamtsumme pro Zeile bestimmt die Bedeutung des Kriteriums.

> **Welche Alternativen bevorzugen Sie mit welcher Intensität?**

Eigenschaften	2	1	1	2	Eigenschaften
1 introvertiert					extrovertiert
2 spielerisch					ernsthaft
3					
4					
5					

Beantwortung in Kleinst- oder Kleingruppen (Kleingruppen-Szenarien)

In Gruppen mit mehr als fünf Teilnehmern ist der Kommunikationsumschlag so schwerfällig, dass nicht mehr gleichzeitig »in die Tiefe« diskutiert werden kann und alle Teilnehmer ständig beteiligt werden können. So bilden sich Redehierarchien, durch die nur noch ein Minimum des Ideenpotenzials genutzt wird.

Durchführung

s. S. 108 Themen-/Problemsammlung

Nachdem im Plenum die Themen-/Problemsammlung und Bewertung abgeschlossen wurden, werden zur weiteren Bearbeitung Kleingruppen gebildet.

s. S. 111 Bewertung

Die Gruppen sollen mindestens zwei Personen umfassen; Gruppen mit mehr als fünf Personen zerfallen leicht wieder in kleinere Gruppen. (Beispiel: Bei 20 Teilnehmern können vier bis fünf Themen zur Auswahl gestellt werden oder ein Thema in vier bis fünf Kleingruppen parallel diskutiert werden.)

Die Aufteilung in Kleingruppen kann nach verschiedenen Gesichtspunkten erfolgen.

Gruppenbildung nach dem Zufall
- Losen
- Abzählen
- Nach Sitzordnung
- Gruppenpuzzle: Der Moderator zerschneidet so viele Karten, wie Gruppen gebildet werden sollen. Jede Karte hat so viele Teile, wie die Gruppe Teilnehmer haben soll. Diese Puzzleteile werden gemischt, jeder Teilnehmer zieht sich ein Stück und sucht die zusammengehörenden Teile, deren Besitzer gemeinsam die Kleingruppe bilden.

Gruppenbildung nach Themeninteresse
- Jeder Teilnehmer schreibt das Thema, an dem er mitarbeiten möchte, und seinen Namen auf einen Kuller (runde Karten, 10 Zentimeter Durchmesser). Die Kuller werden eingesammelt und für alle sichtbar – nach Themen sortiert – auf den Boden gelegt. Bei ungleichen Gruppengrößen kann gefragt werden, wer sich noch umorientieren möchte. Ist eine Gruppe größer als fünf Personen, so sollte diese Gruppe in zwei Gruppen aufgeteilt werden, die dann parallel an dem gleichen Thema arbeiten.

- In der Runde abfragen: Die Themen werden auf ein Plakat geschrieben, die Teilnehmer werden nacheinander nach ihrer Themenzuordnung gefragt. Wenn eine Gruppe mehr als fünf Teilnehmer umfasst, wird dieses Thema in zwei Gruppen parallel bearbeitet. Eine thematische Zuordnung ist nur bei unterschiedlichen Themen möglich.

Gruppenbildung nach Sympathie
- Gruppenbildung durch Augenkontakt (nur geeignet bei Zweiergruppenbildung und gerader Teilnehmerzahl).
- Zuordnung zu Symbolen: Der Moderator zeigt so viele Symbole, wie Gruppen gebildet werden sollen (z. B. Kreis, Dreieck, Rechteck, Wolke ...), denen sich die Teilnehmer zuordnen.

Gruppenbildung nach Funktionen
- Eine Zuordnung einzelner Teilnehmer durch den Moderator sollte unbedingt vermieden werden, da dies meist zu Widerständen führt. Im Laufe einer Klausur sollten verschiedene Möglichkeiten der Kleingruppen-Bildung benutzt werden, um wechselnde Zusammensetzungen der Kleingruppen zu ermöglichen.

Bevor die Kleingruppen das Plenum verlassen, stellt der Moderator das für die Themen und die Situation passende Kleingruppenszenario vor. Mit Hilfe eines Szenarios (Fragestellungen) können die Kleingruppen – ohne lange methodische Diskussionen über das Vorgehen – sofort in die inhaltliche Diskussion einsteigen.

s. S. 129; 141; 149
Problembearbeitung, Konfliktbearbeitung

Beispiel für Kleingruppen

Thema	
Problemspeicher	Lösungssätze
Widerstände	offene Fragen

Interview

Was mich an meinem Arbeitsplatz stört!	Was mich an meinem Arbeitsplatz erfreut!
A _____	A _____
B _____	B _____

Eine erfolgreiche Kleingruppenarbeit hängt davon ab, dass der Moderator eine präzise Arbeitsanweisung gegeben hat. Die Kleingruppen sollen ihren Diskussionsverlauf an dem vorgegebenen Schema orientieren und mitvisualisieren. Den Kleingruppen sollte zu Beginn der Arbeit eine Zeit vorgegeben oder deutlich gemacht werden, dass dann Ende ist, wenn alle Gruppen fertig sind.

Die Kleingruppenerlebnisse sollen von zwei Kleingruppenmitgliedern vor dem Plenum präsentiert werden. In dieser Phase erhalten alle Teilnehmer einen Überblick über alle diskutierten Themen und können gemeinsam das weitere Vorgehen festlegen.

Die weiter zu diskutierenden Themen werden für die nächste Kleingruppenrunde wieder in dem Themen-/Problemspeicher gesammelt.

Bei den Kleingruppendiskussionen sollten die Moderatoren die Gruppen alleine arbeiten lassen und ihnen nur methodisch aus eventuellen Sackgassen helfen.

Situationsbezogener Einsatz von Moderations-Methoden

Kennenlernen

Steckbrief

Jeder Teilnehmer füllt für sich ein Plakat aus, dessen Struktur von den Moderatoren vorgegeben ist. Die Fragen sollten dabei von den Moderatoren so vorformuliert sein, dass die Gruppe über jeden Teilnehmer etwas erfährt und jeder Teilnehmer auch die Möglichkeit bekommt, etwas Persönliches von sich zu berichten.

Die Plakate werden nacheinander von den Teilnehmern vorgestellt. Ergänzende Fragen an die Person sind möglich.

Jeder Teilnehmer hat die Möglichkeit, die Beantwortung einzelner Fragen ohne Begründung abzulehnen. Damit soll sichergestellt werden, dass jeder Teilnehmer nur so viel Intimität über sich zulässt, wie er meint verantworten zu können.

Der Steckbrief wird auch von den Moderatoren ausgefüllt, die damit ihre eigene Vorstellung in die Vorstellung der Gruppe integrieren.

Kennenlernen — Situationsbezogener Einsatz

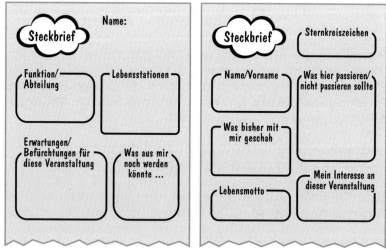

Paarinterview

Aus der Teilnehmergruppe finden sich Paare zusammen nach der Maßgabe, sich einen Partner zu suchen, den man noch nicht so gut kennt.

Die Partner interviewen sich gegenseitig und schreiben die Antworten auf einem Plakat in Stichworten mit. Das Interview kann völlig frei geführt werden, es können aber auch Fragen vorgegeben werden, zum Beispiel:
- Was erfreut, was stört mich an meiner Arbeit?
- Wichtige Lebensstationen
- Erwartungen und Befürchtungen gegenüber dieser Veranstaltung.

Alle Fragen aus dem Steckbrief sind auch hier anwendbar.

Die Ergebnisse des Interviews werden im Anschluss im Plenum vorgestellt. Dabei kann entweder jeder sich selbst vorstellen oder sich von seinem Partner vorstellen lassen. Die Aussagen können in Listen erfasst und anschließend gewichtet werden.

Kennenlernen Situationsbezogener Einsatz

Der Gruppenspiegel

Der Gruppenspiegel kann während der Vorstellungsrunde von den Moderatoren mitgeschrieben oder vor Beginn der Veranstaltung von den Teilnehmern beim Hereinkommen ausgefüllt werden. Im zweiten Fall wird die Vorstellungsrunde anhand des Gruppenspiegels durchgeführt.

Er sollte immer eine Spalte enthalten, in der der Teilnehmer etwas Persönliches von sich sagen kann.

Der Gruppenspiegel sollte nach Möglichkeit während der ganzen Veranstaltung sichtbar hängen bleiben. Das gilt besonders für Gruppen, die sich erst in der Veranstaltung kennenlernen.

Gruppenspiegel			
Name	Funktion	Org.-Einheit	liebste Beschäftigung
1			
2			
3			
4			
5			

Anwärmen

Einstiegsfragen

Ein-Punkt-Frage
Mit einer anderen Punktfarbe können die Teilnehmer am Ende der Veranstaltung ein Feedback geben.

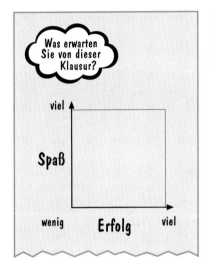

Zuruf-Frage

Graffiti

Vor Eintreffen der Teilnehmer stellen die Moderatoren Pinnwände mit folgenden Satzanfängen in der linken oberen Ecke auf:
»Am schönsten wäre es, wenn hier ...« oder
»Am meisten befürchte ich, dass hier ...« oder
»Ich glaube, hier kann ich ...« usw.

Beim Hereinkommen ergänzen die Teilnehmer mit daneben liegenden Filzstiften oder auf Karten diese Sätze. Die Tafeln werden am Beginn der Veranstaltung vorgestellt und zum Anlass genommen, Hoffnungen und Befürchtungen zu besprechen.

Ankomm-Übung

Wenn eine Veranstaltung morgens beginnt und die Ankunft sehr hektisch war, empfiehlt es sich, den Teilnehmern die Möglichkeit zu geben, auch »geistig anzukommen«. Dazu eignet sich eine Phantasiereise, in der die Teilnehmer die Erlebnisse des Morgens noch einmal vor ihrem inneren Auge vorbeiziehen lassen können.

Die Teilnehmer schließen die Augen, lassen ihren Atem frei fließen. Der Moderator spricht zum Beispiel folgenden Text:

»Gehen Sie jetzt zu dem Augenblick zurück, an dem sie aufgewacht sind ... Wie war Ihr Gefühl? ... Hatten Sie einen Traum? ... Können Sie sich noch an ihn erinnern? ... Sie stehen jetzt auf; erleben Sie schrittweise nach, was Sie nach dem Aufstehen getan haben. ... Hat Sie nach dem Aufstehen etwas geärgert? ... Lassen Sie den Ärger noch einmal in sich hochkommen. ... Schließen Sie jetzt ab damit. ... Hat Sie etwas gefreut? ...« usw.
Ende: »Kommen Sie jetzt in diese Runde zurück ... Öffnen Sie die Augen und sehen Sie sich um. ... Jetzt sind Sie hier!«

»...« steht für Pausen, die lang genug sein müssen, damit der Teilnehmer das Bild in sich entstehen lassen kann.

Anwärmfragen am Beginn des Tages

Bevor die eigentliche Arbeit beginnt, sollten die Teilnehmer die Möglichkeit haben, sich durch gemeinsame Beantwortung einer Frage wieder als Gruppe zu erleben.

Ein-Punkt-Frage

Zuruf-Frage

	Was soll heute unbedingt passieren?				Bew.	Rang
1				7		
2				8		
3				9		
4				10		
5				11		
6				12		

Vorschläge	Bew.	Rang	Vorschläge	Bew.	Rang
1			7		
2			8		
3			9		
4			10		
5			11		
6			12		

(Was sollen wir heute tun, um unser Ziel zu erreichen?)

Organisatorische Bedingungen

In den seltensten Fällen kommen alle Teilnehmer gleichzeitig an. Die Zeit, bis alle Teilnehmer eingetroffen sind, kann durch erste Moderationstechniken, zum Beispiel Graffiti oder Ausfüllen des Gruppenspiegels, überbrückt werden.

In jedem Fall sollte aber die Möglichkeit zu zwanglosem Zusammensein gegeben sein. Dazu bietet sich ein gemeinsames Begrüßungsgetränk an der Bar oder in einem gemütlichen Raum an. Unter allen Umständen sollte vermieden werden, dass die Teilnehmer in dieser Anfangsphase mit sich allein gelassen werden.

Vor Beginn der Veranstaltung sollten die Teilnehmer genügend Zeit bekommen, ihre Hotelzimmer zu beziehen und sich über die Räumlichkeiten zu informieren.

Die Moderatoren sollten mit ihren Vorbereitungen fertig sein, bevor die ersten Teilnehmer eintreffen, damit nicht einzelne Teilnehmer die ersten Fragen schon gesehen haben, bevor es losgeht. Außerdem sollten sich die Moderatoren in der Phase des Ankommens den Teilnehmern widmen können.

Problemsammlung/ Problemstrukturierung

Einstiegsfragen zur Problemorientierung

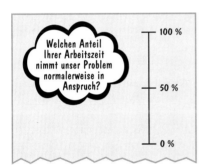

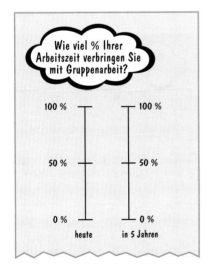

Problemsammlung/strukturierung — Situationsbezogener Einsatz

Methoden der Problemsammlung

Karten-Frage
Die Karten werden eingesammelt und mit der Gruppe gemeinsam geklumpt. Die Klumpenüberschriften werden in den Problemspeicher übernommen.

Zuruf-Frage
Alle Karten-Fragen können auch als Zuruf-Fragen verwendet werden, wenn
- das Problem für die Teilnehmer so klar ist, dass sie nicht lange überlegen müssen,
- kein Bedarf nach Anonymität besteht,
- gegenseitige Anregung durch Zurufe erreicht werden soll,
- keine Notwendigkeit besteht, die Häufung von Aussagen sichtbar werden zu lassen.

s. S. 103 Zuruf-Frage

Das Verfahren, wie die ungeordneten Zurufe zu Klumpen zusammengefasst werden, ist unter »Zuruf-Frage« im Einzelnen beschrieben. Die sich daraus ergebenden Übersichten werden im Themenspeicher aufgelistet.

Problemsammlung in Kleinstgruppen
Die Fragestellungen, die unter »Karten-Frage« aufgelistet wurden, können auch in Kleinstgruppen (Zweiergruppen) beantwortet werden. Den Gruppen wird dann nebenstehendes Szenario vorgestellt.

Situationsbezogener Einsatz — Problemsammlung/strukturierung

Die Gruppenarbeit sollte nicht länger als 20 Minuten dauern. Die Paare stellen anschließend ihr Ergebnis im Plenum vor. Die Ergebnisse werden im Themenspeicher gesammelt, wobei solche Themen, die in mehreren Kleinstgruppen vorkommen, nur einmal aufgenommen werden.

Erstellen eines Themen-/Problemspeichers

Die durch eine Karten-, Zuruf- oder Kleinstgruppen-Frage gesammelten Probleme werden in einem Themen- oder Problemspeicher aufgelistet. Basiert der Speicher auf einer Karten- oder Zuruf-Frage, so werden die Klumpenüberschriften in den Speicher übernommen. Dabei können die Oberbegriffe durch zusätzliche Stichworte ergänzt und konkretisiert werden.

s. S. 126
Methoden der Problemsammlung

Es sollte darauf geachtet werden, dass
- die Oberbegriffe im Speicher nicht zu umfassend und abstrakt sind;
- die Tendenz, die in den Karten, Zurufen oder Kleinstgruppen deutlich geworden ist, auch in Formulierungen im Themenspeicher erhalten bleibt.

Der Themenspeicher wird vorher so weit vorbereitet, dass nur noch die Diskussionsergebnisse eingetragen werden müssen. Er hat 14 bis 16 Themenfelder. Der Linienabstand soll mindestens 18 Zentimeter betragen. Ein Themen- oder Problemspeicher sieht immer eine Spalte für die Punkt-Bewertung und eine Spalte für die Rangordnung vor. Die Themenfelder sind durchnummeriert.

Auswahl aus dem Themen- oder Problemspeicher (Bewertung)

Bei der Bewertung des Speichers müssen die Moderatoren klar und deutlich sagen, unter welchem Gesichtspunkt die Auswahl getroffen werden soll.

Der Bewertungsgesichtspunkt wird auf eine Karte geschrieben und für alle sichtbar auf das Plakat gehängt.

Gewichtung von Aussagen und Problemen

In manchen Fällen ist es für die Gruppe wichtig zu wissen, welches Gewicht die Teilnehmer den einzelnen Problemen beimessen. In diesem Fall wird eine Gewichtung durch eine Mehr-Punkt-Frage durchgeführt.

s. S. 104
Frage- und Antwort-Techniken, Beantwortung mit mehreren Punkten

Die Gewichtungs-Gesichtspunkte können die gleichen sein wie bei der Auswahl aus dem Themen- oder Problemspeicher. Das Ergebnis ist hier aber wesentlich differenzierter als dort.

Auch hier ist darauf zu achten, dass der Gewichtungs-Gesichtspunkt allen Teilnehmern klar ist und auf das zu gewichtende Plakat geschrieben wird.

Problembearbeitung

Kleingruppenarbeit

Für jede Kleingruppenarbeit muss eine klare Aufgabenstellung gegeben werden, die dem Ziel der Arbeitsphase entspricht, in der sich die Gruppe befindet. Die Arbeitsanweisung erfolgt über Szenarien, also über verschiedene Fragestellungen, die in der Kleingruppe be-

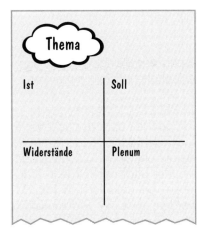

arbeitet werden sollen. Die Formulierung des Szenarios soll themenneutral erfolgen. Das Szenario muss für alle zur Auswahl stehenden Themen passen. Diese Einheitlichkeit erleichtert es später dem Plenum, sich in den Aussagen der Kleingruppe zurechtzufinden.

Jedes Kleingruppenszenario soll einen Raum für Reaktionen des Plenums vorsehen.

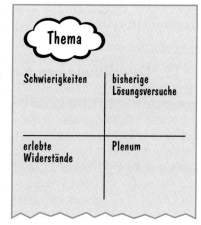

Regeln für die Kleingruppenarbeit

s. S. 114 Beantwortung in Klein- und Kleinstgruppen

Die eigentliche Problembearbeitung erfolgt in der Moderation immer in Kleingruppen. Eine Kleingruppe sollte nicht größer als fünf Teilnehmer sein. Bei mehr als fünf Teilnehmern besteht die Gefahr des Zerfalls in Untergruppen.

In dieser Phase ist das einzig sinnvolle Verfahren der Gruppenteilung die Gruppenbildung nach Interesse. Gruppenbildung nach dem Zufall oder anderen Kriterien verhindern die Identifikation der Teilnehmer mit dem von ihnen zu erarbeitenden Problem. Interessieren sich mehr als fünf Teilnehmer für ein Thema, so gibt es folgende Möglichkeiten:
- Bearbeitung eines Themas in mehreren parallelen Kleingruppen
- Umorientierung einzelner Teilnehmer auf ein anderes Thema, das schwächer besetzt ist.

In jedem Fall sollte die Umstrukturierung der Kleingruppen-Zusammensetzung nur mit Zustimmung der betroffenen Teilnehmer vorgenommen werden.

In der Phase der Problembearbeitung geht es darum, das Thema, das die Kleingruppe gewählt hat, nach allen Seiten auszuloten. Es kommt in dieser Phase noch nicht darauf an, einen Konsens in der Gruppe zu erreichen, vielmehr soll die Meinungsvielfalt in der Gruppe deutlich werden. Das »Ausdiskutieren« der unterschiedlichen Positionen kann dadurch vermieden werden, dass der Problempunkt mit einem Konfliktpfeil versehen wird. Er dient dazu, später dem

Plenum zu signalisieren, dass hier unterschiedliche Ansichten bestanden haben.

Wichtig ist, dass die Kleingruppen möglichst schnell ihre Diskussionspunkte auf das Plakat bringen. Dadurch wird verhindert, dass sich die Kleingruppe verzettelt oder festbeißt. Das Festhalten kann entweder durch Sammlung der Aussagen auf Karten durch jedes Gruppenmitglied erfolgen oder dadurch, dass ein Gruppenmitglied mitvisualisiert, was diskutiert wird. Da viele Moderatoren dazu neigen, die Arbeit der Kleingruppe inhaltlich zu beeinflussen, ist es wichtig, dass ein Gruppenmitglied hier die Leitung übernimmt. Außerdem identifiziert sich eine Gruppe mit dem von ihr selbst visualisierten Ergebnis stärker.

Diese Kleingruppenarbeit sollte nicht länger als 30 Minuten dauern. Es besteht sonst die Gefahr, dass die Gruppe schon zu tief in die Diskussion einsteigt und das Plenum später den Anschluss verliert.

Die Mitglieder der Kleingruppe wählen zum Abschluss zwei Präsentatoren, die das Ergebnis der Kleingruppe im Plenum vorstellen.

Vorstellen der Kleingruppenergebnisse im Plenum

Die Kleingruppenergebnisse sollen durch zwei Mitglieder der Kleingruppe im Plenum vorgestellt werden. Dadurch wird erreicht, dass nicht einzelne Gruppenmitglieder zu stark dominieren, dass die Gruppenleistung hinter dem Ergebnis sichtbar wird und dass die unterschiedlichen Aspekte der Diskussion auch in der Darstellung der Ergebnisse präsent bleiben.

Die Plenumsmitglieder werden aufgefordert, ihre Fragen, Kommentare, Widersprüche usw. auf ovale Kärtchen zu schreiben (»schriftlich diskutieren«) und im Anschluss an die Vorstellung in den freien Raum auf dem Kleingruppenplakat zu hängen. Dadurch wird erreicht, dass weder der Vortrag durch Zwischenfragen dauernd unterbrochen wird noch eine Äußerung verloren geht. Außerdem wird auf diese Weise sichergestellt, dass die Plenumskommentare für das Simultanprotokoll erhalten bleiben.

s. S. 155
Simultanprotokoll

Entzündet sich an dem einen oder anderen Punkt der Kleingruppenvorstellung eine Diskussion (zum Beispiel an einem Punkt, der schon von der Kleingruppe mit einem Konfliktpfeil versehen wurde), dann wird dieser Punkt nicht ausdiskutiert, sondern in den Themenspeicher aufgenommen, so dass er in der nächsten Runde zur Wahl steht. So werden ermüdende Pienumsdiskussionen vermieden, die sich an einem x-beliebigen Punkt entzünden.

Das Gleiche gilt für den Fall, dass in dem Kleingruppenszenario »weiterführende Fragen« erarbeitet wurden. Auch diese gehören in den Themenspeicher.

Transparenzfragen

Transparenzfragen werden von den Moderatoren spontan gestellt, um die Gruppe entweder auf den Stand ihrer Diskussion auf der Sachebene oder auf ihre emotionale Situation hinzuweisen. Ihr Ziel ist es, durch das Sichtbarwerden der Gesprächssituation mögliche Blockaden zu verdeutlichen, um sie ansprechen zu können und dadurch zu beseitigen.

Durch die Transparenzfrage wird vermieden, dass der Moderator Vermutungen über Ursachen von Spannungen und Blockaden äußert und sich damit zum Richter über die Gruppe aufschwingt. Mit der Transparenzfrage gibt der Moderator der Gruppe ein Instrument an die Hand, mit dem sie selbst eine Klärung der Situation herbeiführen kann.

Blockaden können ihre Ursachen entweder in der sachlichen Diskussion haben – dann ist es meist die Unzufriedenheit über die Problembearbeitung oder die Lösungsvorschläge –, oder sie können in der Stimmung der Einzelnen und der unbefriedigenden Kommunikationssituation liegen.

Durch die Transparenzfrage wird das gesamte Meinungsspektrum in der Gruppe sichtbar, das häufig erheblich von der Meinung der Wortführer abweicht. Dadurch, dass das Spektrum für alle erkennbar wird, können auch alle Teilnehmer an der Lösung der aktuellen Situation mitwirken und damit gemeinsame Verantwortung für die Gesprächssituation der Gruppe übernehmen.

Herstellen von Transparenz auf der Sachebene

Ein-Punkt-Frage

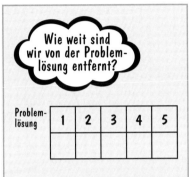

Die Teilnehmer werden aufgefordert, ihre Stellung zum Problem durch die Entfernung zum Problempunkt mit ihrem Klebepunkt auszudrücken.

Eine Variante zu dieser Punkt-Frage besteht darin, dass in die Mitte des Raums ein Stuhl gestellt wird, der das Problem symbolisiert. Die Teilnehmer nehmen im Raum einen Standort ein, der ihre Nähe oder Entfernung zum Problem ausdrückt. Diese Variante ist weniger anonym als die Ein-Punkt-Frage und verlangt deshalb mehr Offenheit in der Gruppe.

Karten-Frage

Herstellen von Transparenz auf der Beziehungsebene

Ein-Punkt-Fragen

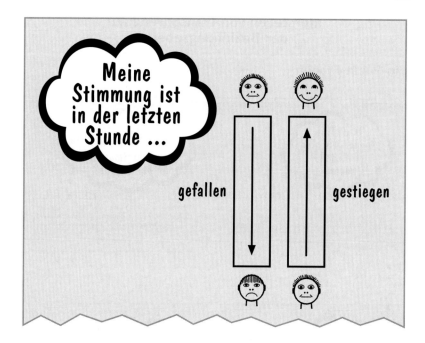

Wenn Offenheit und Vertrauen in einer Gruppe besonders gering sind, dann kann die Ein-Punkt-Frage auch dadurch anonymisiert werden, dass jeder Teilnehmer sein »+« oder »–« auf eine Karte malt. Die Moderatoren sammeln die Karten ein und zählen sie aus, das Ergebnis wird der Gruppe offengelegt.

Blitzlicht

Das Blitzlicht gibt jedem Teilnehmer die Möglichkeit, in einem kurzen Beitrag seine Gefühle anzusprechen, die ihn in der gegenwärtigen Situation bewegen.

In einem Blitzlicht soll jeder Teilnehmer zu Wort kommen, ausgenommen, ein Teilnehmer lehnt ausdrücklich seine Stellungnahme ab. Die Reihenfolge kann sich nach der Sitzordnung richten, es kann aber auch jeweils derjenige das Wort ergreifen, der gerade sprechen möchte.

Wichtig zu beachten ist, dass es zu den Äußerungen der Gruppenmitglieder keine Antworten, Rechtfertigungen, Stellungnahmen und dergleichen gibt. Jede Äußerung wird von den anderen schweigend zur Kenntnis genommen. Darauf müssen die Moderatoren besonders in Konfliktsituationen achten. Diese Regel kann nur eingehalten werden, wenn auch die zweite Regel von allen beachtet wird, dass nämlich jeder nur für sich und über sich spricht, über seine Gefühle in der gegenwärtigen Situation.

Da die Moderatoren Bestandteil der Gruppe sind, nehmen sie am Blitzlicht genauso teil wie die Gruppenmitglieder. Zusätzlich achten sie lediglich auf die Einhaltung der Spielregeln.

Stellung beziehen

Die Teilnehmer verteilen sich im Raum so, wie sie Nähe oder Distanz zu den anderen Teilnehmern einnehmen möchten. Wenn alle ihren Ort im Raum gefunden haben, hat jeder Teilnehmer Gelegenheit, seinen Ort – und damit seine Beziehung zu den anderen Teilnehmern – zu erläutern.

Dieses Spiel ist ein »räumliches Soziogramm«. Es muss deshalb mit der gleichen Vorsicht angewendet werden, wie sie auch für schriftliche Soziogramme gilt. Es erfordert von der Gruppe ein gewisses Maß an Offenheit und von den Moderatoren die Fähigkeit, auch mit Frustrationen einzelner Teilnehmer umzugehen.

Feedback-Fragen im Diskussionsprozess

Feedback geben und nehmen hat eine wichtige Funktion in der Steuerung eines Diskussionsprozesses. Die Teilnehmer wollen voneinander wissen, wie sie den Fortgang der Diskussion einschätzen, was ihrer Meinung nach nicht gut oder nicht ganz so gut läuft, wie sie sich in der Gruppe fühlen, wie sie einander erleben. Das ist auch eine interessante Information für die Moderatoren, die daran ihre moderatorischen Aktionen orientieren können.

In welchen Situationen ist Feedback sinnvoll?

- Morgens zu Beginn bringt eine Feedback-Frage Informationen über die Startbedingungen für den Tag. Die Antworten machen den Teilnehmern bewusst, was sie selbst zur Arbeitsatmosphäre beisteuern, wie unterschiedlich oder ähnlich ihre Gefühlslage ist. Beispiel: »Ihre Stimmung heute Morgen?« (als Ein-Punkt-Frage mit Zuruferergänzung).
- Als Einstiegsfrage in den Nachmittag hat die Feedback-Frage eine ähnliche Funktion wie am Morgen. Es kann daran noch einmal das Nachmittagsprogramm korrigiert und ergänzt werden.

- Als Abschluss des Tagesprogramms kann eine Feedback-Frage den Teilnehmern bewusst machen, wie der Tag gelaufen ist.

- Am Abend als Anregung zur Vertiefung persönlicher Gespräche. Beispiel (als Blitzlichtfragen):
  - Wie fühle ich mich jetzt?
  - Was möchte ich der Gruppe oder einem bestimmten Teilnehmer noch sagen?
- Zum Abschluss der Veranstaltung bringt die Feedback-Frage noch einmal einen Rückblick auf den gesamten Prozess. Die Teilnehmer und die Moderatoren können sich bewusst machen, was sie erlebt haben. Beispiel (als Kartenabfrage):
  - Was hat mir gefallen?
  - Was hat mir nicht gefallen?

Bei allen Feedback-Stellungnahmen ist es wichtig, dass die Moderatoren auf die Grundregeln des Feedback-Gebens und -Nehmens hinweisen:
- verwende »ich« statt »man«;
- keine Rechtfertigungen;
- keine Kommentare zu den Aussagen anderer;
- wenn du Feedback erhältst, höre ruhig zu und antworte nicht.

Kreativitätserweiterung

Kreativität heißt, vorhandene Denk- und Verhaltensstrukturen zu durchbrechen, um dadurch zu neuen Lösungen zu kommen.

In einer moderierten Veranstaltung passiert es gelegentlich, dass die Diskussion festgefahren ist oder sich im Kreise dreht. Die Blockade kann dann sowohl auf der Inhaltsebene als auch auf der Kommunikationsebene liegen. Häufig wird der Mangel an Kreativität von der Gruppe im Anschluss an eine Transparenzfrage über die Gesprächssituation selbst erkannt.

In dieser Situation können die Moderatoren entweder Übungen anbieten, die der Gruppe unabhängig von ihrem Thema zu einer kreativen Stimmung verhelfen, sie können aber auch eine themenorientierte Kreativitätsübung vorschlagen. Die im Folgenden beschriebenen Methoden sind spezielle Moderationstechniken zur Kreativität. Es können aber auch andere Übungen angewendet werden, die in der Literatur beschrieben sind.

Utopiespiel

Die Moderatoren formulieren ein Thema, das den Teilnehmern erlaubt zu »spinnen«. Das Thema soll
- weit in die Zukunft reichen, um die Phantasie von Zwängen der Gegenwart frei zu machen;
- positiv formuliert sein, also »Verkehr im Jahr 2000« und nicht »Beseitigung der Verkehrsbeschränkungen«
- emotional besetzt sein, so dass die Phantasievorstellungen auch gefühlsmäßig erfahren werden können;
- in einem losen Zusammenhang mit dem Thema der Gruppe stehen.

Die Teilnehmer teilen sich in Kleingruppen nach dem Sympathieprinzip und schaffen sich eine angenehme Arbeitsatmosphäre (durch Tafeln abgeschlossene Arbeitssituation, Getränke, Musik usw.).

s. S. 114
Frage- und
Antworttechniken

Die Gruppenmitglieder beginnen, frei nach Assoziation alles zu sagen, was ihnen zu dem Thema einfällt. Ein oder zwei Gruppenmitglieder visualisieren gleichzeitig die Ideen mit. Wie beim Brainstorming soll keine Aussage unterdrückt werden, sondern jede Aussage in neue Assoziationen umgesetzt werden.

s. S. 108
Frage- und
Antworttechniken

Die Kleingruppenergebnisse werden im Plenum vorgestellt. Anschließend werden die besten, zündendsten, lustigsten Ergebnisse auf allen Plakaten von allen Teilnehmern mit Klebepunkten bewertet.

Die höchstbewerteten Ideen werden in einer Liste zusammengestellt, die folgendermaßen aussieht:

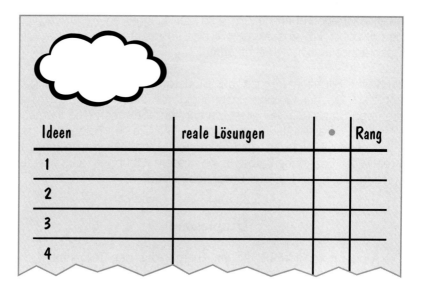

Die Ideen werden nun gemeinsam mit den Teilnehmern in den realen Zusammenhang »übersetzt«, etwa mit der Fragestellung: »Welchen Lösungsansatz bietet uns diese Idee für unser Problem?«.

Anschließend werden wiederum die besten Lösungsansätze bewertet und zu Kleingruppenthemen formuliert. Für die Kleingruppen gilt oben stehendes Szenario.

Die Kleingruppen-Ergebnisse werden erneut im Plenum vorgestellt und die »ersten Schritte« in einer Liste erfasst.

> s. S. 149
> Erarbeiten von Lösungsansätzen

Brainwriting

Dies ist eine Abwandlung des Brainstorming mit den Hilfsmitteln der Moderationstechnik.

> s. S. 108
> Frage- und Antworttechniken

Wichtig ist auch hier, für eine kreative Stimmung zu sorgen. Gegebenenfalls lohnt es sich, eine der üblichen Kreativitätsübungen vorzuschalten, um die Teilnehmer aus einer festgefahrenen Gesprächssituation herauszuholen.

Konfliktbearbeitung

Pro- und Kontraspiel

Zu jeder Meinungsseite melden sich zwei bis drei Teilnehmer, die sich einander gegenüber setzen. Sie tauschen in schneller Reihenfolge Argumente aus, die ihre jeweilige Meinung unterstützen. Dabei sind kurze Beiträge (nicht länger als 15 Sekunden) mit pointierten Aussagen erwünscht, die bis zu Verbalinjurien gehen können. Die übrigen Teilnehmer können ihre Vertreter mit Zurufen unterstützen.

Die Moderatoren schreiben auf getrennten Tafeln die Pro- und Kontra-Aussagen mit.

Nach drei bis fünf Minuten tauschen die Kontrahenten die Plätze und vertreten nun die gegenteilige Meinung. Auch diese Aussagen werden mitvisualisiert. Wenn alle Argumente genannt sind, wird das Spiel abgebrochen. Jeder Teilnehmer erhält Klebepunkte und kann nun die besten Argumente aus der Pro- und Kontraliste bewerten. Die höchstbewerteten Argumente werden zu Themengruppen zusammengefasst. In den Themengruppen sollen sowohl Pro- als auch Kontra-Argumente enthalten sein.

Zu den Themengruppen werden Kleingruppen gebildet, die die Argumente weiter diskutieren und nach Lösungsmöglichkeiten suchen.

Konfliktbearbeitung Situationsbezogener Einsatz

Konsensbildung

Diese Methode ist dann zu empfehlen, wenn eine Gruppe vollständig hinter einer Lösung stehen muss, wenn also Mehrheitsentscheidungen für eine Problemlösung nicht ausreichend sind.

Zu beachten ist, dass im Zuge des Konsensbildungs-Prozesses in der Regel extreme Alternativen ausgeschieden werden, dass also selten sehr kreative Lösungen herauskommen. Dafür werden aber die erarbeiteten Ergebnisse von allen Gruppenmitgliedern getragen.

Die Gruppe wird in Zweiergruppen aufgeteilt, die jeweils eine Lösung zu dem aufgeworfenen Problem erarbeiten. Im Anschluss finden sich je zwei Zweiergruppen zu einer Vierergruppe zusammen. Diese neuen Gruppen erarbeiten auf der Basis der beiden vorherigen Zweiergruppen wieder eine Lösung. Die Vierergruppen bilden dann Achtergruppen usw., bis das Plenum wieder vollständig ist.

Wichtigstes Prinzip ist, dass in keiner Phase jemand überstimmt werden darf; deshalb keine Zeitbegrenzung vorgeben.

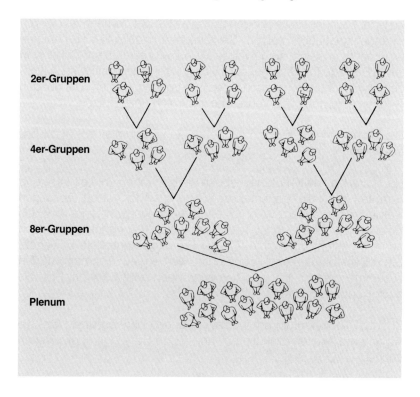

Kommunikationsübungen zur Bearbeitung von Konfliktsituationen

Wahrnehmen – vermuten – bewerten

Häufig werden Konfliktsituationen dadurch verschärft, dass die Teilnehmer nicht deutlich machen, was sie aneinander wahrnehmen, sondern mit Vermutungen und Unterstellungen operieren, die sie gleichzeitig – ausgesprochen oder unausgesprochen – mit bestimmten Bewertungen versehen. Es ist für eine Gruppe hilfreich zu lernen, diese Ebenen voneinander zu trennen, und in der weiteren Kommunikation immer deutlich zu machen, ob es sich bei der Aussage um eine Wahrnehmung (eine beobachtete Handlung), eine Vermutung oder eine Bewertung handelt.

Die Teilnehmer bilden Zweiergruppen und setzen sich einander gegenüber. Sie sagen sich gegenseitig abwechselnd, was sie aneinander wahrnehmen, und finden zu jeder Wahrnehmung drei Vermutungen, die sie mit entsprechenden Bewertungen versehen.

Beispiel:
A zu B:
»Ich nehme wahr, dass Sie eine Krawatte tragen. Ich vermute erstens, dass Sie konventionelle Kleidung bevorzugen, und das finde ich reaktionär; ich vermute zweitens, dass Sie keine anderen Hemden dahaben, und das ist sicher unbequem für sie; ich vermute drittens, dass Ihnen die Krawatte gut gefällt, und mir gefällt sie auch.«

B nimmt nicht Stellung zu den Aussagen von A, sondern äußert nun seinerseits Wahrnehmungen, Vermutungen und Bewertungen.

Anschließend werden im Plenum die Erfahrungen mit dieser Übung ausgetauscht und Kommunikationsregeln für die Besprechung von Konfliktsituationen vereinbart.

Ich – du – er

Häufig entstehen Konfliktsituationen daraus, dass Gruppenmitglieder bei sich positiv bewerten, was sie an anderen kritisieren. Zur Offenlegung dieses Vorgehens dient folgende Übung.

Die Teilnehmer werden aufgefordert, ein bestimmtes Verhalten als Ich-Aussage auf eine gelbe Karte, als Du-Aussage (also wie sie

Anwesenden gegenüber formulieren würden) auf eine rote Karte und als Er-Aussage (also von Abwesenden) auf eine grüne Karte zu schreiben. Beispiel: »Ich bin lustig« – »Du bist albern« – »Er ist blöd«; oder: »Ich bin korrekt« – »Du bist kleinlich« – »Er ist ein Korinthenkacker«.

Die Karten werden auf einer Tafel so aufgehängt, dass horizontal die zusammengehörenden Karten der verschiedenen Kartenfarben hängen und vertikal die Karten einer Farbe einen Block bilden. Es kann nun mit der Gruppe gemeinsam herausgefunden werden, welche Formulierungen typisch sind für die verschiedenen Aussageebenen.

Diese Übung führt meist dazu, dass sich die Teilnehmer im Folgenden gegenseitig darauf aufmerksam machen, auf welcher Sprachebene sie sich gerade befinden.

Aktives Zuhören

Viele Konfliktgespräche leiden darunter, dass die Beteiligten die gegenseitig vorgebrachten Argumente nicht mehr aufnehmen, sondern nur noch ihre eigene Argumentenkette weiterspinnen. Dadurch kann auf der Sachebene kein gemeinsamer Lösungsansatz gefunden werden, und auf der Beziehungsebene wachsen Frustration und Ärger. Diese Kommunikationsstruktur kann durch die folgende Übung sichtbar und bearbeitbar gemacht werden.

Die Teilnehmer bilden Dreiergruppen. A und B reden miteinander über ein Thema, beispielsweise darüber, wie sie die letzte halbe Stunde in der Gruppe erlebt haben. Dabei antwortet B auf A erst, wenn er die Aussagen von B sinngemäß in eigenen Worten wiederholt hat und A ihm bestätigt hat, dass er sich richtig verstanden fühlt. A antwortet auf B in gleicher Weise. C achtet dabei darauf, dass A und B die Spielregeln des Wiederholens einhalten. Während dieser Übungssituation sollte jeder einmal die Rolle des Gesprächsbeobachters übernehmen.

Diese Übung ist besonders in akuten Konfliktsituationen sehr anstrengend und erfordert von den Teilnehmern ein hohes Maß an Konzentration und Selbstdisziplin. Sie sollte deshalb nicht zu lange ausgedehnt werden.

Im Anschluss an die Gruppenübung werden die Erfahrungen im Plenum ausgetauscht. Hierbei stellt sich häufig heraus, dass Beiträge in Konfliktsituationen nur dann aktiv aufgenommen werden können, wenn sie kurz sind und jeweils nur ein Argument enthalten, auf das der andere dann eingehen kann. Diese Erfahrung wie auch die Erkenntnis, dass ich dem anderen nur sinnvoll antworten kann, wenn ich sicher bin, dass ich ihn richtig verstanden habe, sollten die Moderatoren während der weiteren Arbeit im Bedarfsfall wieder ansprechen.

»Ich« statt »man«

Viele Teilnehmer entziehen sich der Verantwortung für ihre Aussagen dadurch, dass sie sie als »Man-Aussagen« formulieren. Dabei bleibt dann offen, ob sie sich selbst, andere Anwesende oder eine unbestimmte Gruppe von Personen meinen. Konflikte können aber nur ausgetragen werden, wenn jeder Beteiligte klar ausdrückt, ob er eine eigene Erfahrung auf andere verallgemeinert oder ob sich seine Aussage gerade auf ihn selbst bezieht.

Es empfiehlt sich deshalb, als Kommunikationsregel den Vorschlag einzuführen, das Wort »man« generell zu vermeiden. Da die Gewohnheit, sich zu allgemein und unverbindlich zu äußern, bei den meisten Menschen sehr tief sitzt, sollten die Moderatoren und die Gruppenmitglieder immer wieder nachfragen, wer mit »man« gemeint ist.

Störungen haben Vorrang

Störungen auf der emotionalen oder auf der atmosphärischen Ebene schieben sich in Gruppen bei Wahrnehmung und Beanspruchung der Aufmerksamkeit in den Vordergrund. Dies können Gefühle des Ärgers über Störungen der Kommunikation, es können aber auch Ablenkungen durch Unruhe, schlechte Luft, unangenehme Raumtemperatur oder Ähnliches sein, die das Wohlbefinden beeinflussen.

Die Konzentration auf die Sachebene kann erst wieder hergestellt werden, wenn diese Störungen angesprochen und womöglich beseitigt sind. Der Versuch, sie beiseite zu schieben (»Das gehört doch hier nicht her!«), führt zu einem Absinken der sachlichen Leistungsfähigkeit der Gruppe.

Innerhalb der Moderation hat es sich bewährt, mit der Gruppe zu vereinbaren, dass »Störungen Vorrang haben«. Fühlt sich einer der Teilnehmer in der beschriebenen Weise gestört, dann zeigt er das durch Aufheben einer Karte an.

Dieses Signal unterbricht die Sachdiskussion, und der betroffene Teilnehmer formuliert sein Unbehagen. Ist die Störung beseitigt oder das Unbehagen ausreichend angesprochen, kann die unterbrochene Arbeit wieder aufgenommen werden.

Blitzlicht

In vielen Konfliktsituationen innerhalb einer Gruppe ist es notwendig, dass diese nicht nur die Äußerungen der Hauptkonkurrenten zur Kenntnis nimmt, sondern dass jedes Gruppenmitglied die Möglichkeit hat, zu der Situation Stellung zu beziehen. Während dies auf der Sachebene mit Hilfe einer Kartenfrage oder einer Kleingruppenarbeit gelöst werden kann, ist es auf der emotionalen Ebene notwendig, dass jeder seine eigenen Gefühle vor der Gruppe in der Form äußern kann, die ihm angemessen scheint. Für die Gruppe ist es dabei wichtig, nicht nur den Inhalt einer Botschaft, sondern die Wortwahl, den Tonfall, die Gestik usw. ebenfalls wahrzunehmen.

Um jedem die Möglichkeit zu geben, seine Gefühle und Erfahrungen in der »Hier-und-Jetzt«-Situation auszudrücken, wird ein Blitzlicht vorgeschlagen: Jeder Teilnehmer sagt, was er im Moment empfindet, welche Erfahrungen er gerade gemacht hat, was er der Gruppe jetzt mitteilen möchte. Die Beiträge können in der Reihenfolge erfolgen, in der die Gruppe sitzt, sie können aber auch ohne Absprache der Reihenfolge erfolgen. In diesem Fall einigen sich die Teilnehmer spontan, wer jetzt etwas sagen möchte. Auch wer sich nicht äußern möchte, sollte das mitteilen.

Zwei wichtige Regeln sind dabei zu beachten:
- Jeder spricht nur über sich, seine Erfahrungen, seine Wahrnehmungen. Dabei ist es besonders wichtig, die »Ich-statt-man-Regel« zu beachten.
- Auf die Äußerungen eines Teilnehmers sollen keine Gegenäußerungen erfolgen. Das entspricht der ersten Regel, nach der jeder nur über sich sprechen soll. Auch Verständnisfragen im Sinne eines aktiven Zuhörens sollen erst gestellt werden, wenn die Blitzlichtrunde abgeschlossen ist. Für die einzelnen Beiträge soll keine Zeitbeschränkung vorgegeben werden.

In der Auswertungsrunde können folgende Fragen behandelt werden:
- Welche Gefühle sind geäußert worden?
- Wie sind diese Gefühle in unserer Runde entstanden?
- Welche Möglichkeiten haben wir, mit diesen Gefühlen umzugehen?
- Welche Beiträge haben besonders überrascht?

Gruppenbild malen

Viele Konflikte werden durch verbale Diskussion eher zerredet als deutlicher wahrgenommen. In diesem Fall ist es sinnvoll, eine nonverbale Kommunikation vorzuschlagen. In moderierten Veranstaltungen bietet es sich an, dazu das Moderationsmaterial, d. h. Packpapier und farbige Filzstifte, zu benutzen.

Ein oder zwei Packpapiere werden auf dem Boden oder auf einem großen Tisch ausgebreitet. Jeder Teilnehmer sucht sich die Filzstifte aus, mit denen er malen möchte. Der Moderator fordert die Gruppe auf, sich um das Packpapier zu gruppieren und das Papier gemeinsam zu bemalen. Dabei soll nicht gesprochen werden. Das Bild ist fertig, wenn alle Teilnehmer aufgehört haben zu malen. Anschließend wird das Bild für alle sichtbar aufgehängt. Gegebenenfalls muss es ab und zu gedreht werden, um für jeden seine Perspektive des Bildes wieder erkennbar zu machen.

Im folgenden Gruppengespräch können dann die Fragen angesprochen werden:
- Was sagt das Bild über den Zustand der Gruppe aus?
- Wie ist der Einzelne mit dem ihm zur Verfügung stehenden Raum umgegangen?
- Hat jeder »sein eigenes Bild« gemalt, oder hat es beim Malen eine Kommunikation zwischen den Teilnehmern gegeben?
- Wie ist der Einzelne damit umgegangen, wenn andere »in seinen Raum eingedrungen« sind?

Konfliktbearbeitung in Kleingruppen

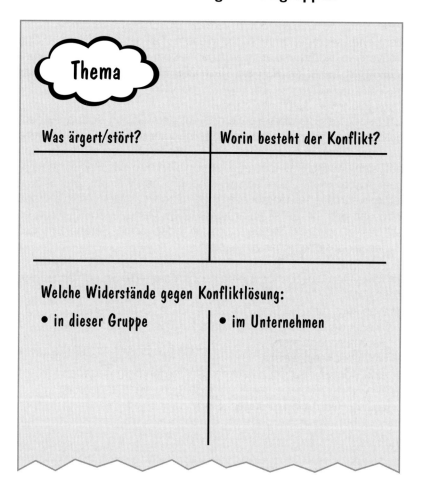

Sachkonflikte können am intensivsten in Kleingruppen bearbeitet werden. Dabei ist es sinnvoll, darauf zu achten, dass sich die Kontrahenten in einer Kleingruppe zusammenfinden, damit der Konflikt dort wirklich ausgetragen werden kann. Gegebenenfalls können die Moderatoren besonders spannungsreiche Kleingruppen moderieren und damit für ein gutes Kommunikationsklima sorgen.

Erarbeiten von Lösungsansätzen

Erstellen einer Problemlandschaft

Viele Problemzusammenhänge werden im Laufe einer Klausur so komplex, dass die Übersicht über die Schichten und Verzweigungen der Diskussion nur noch visuell vermittelt werden kann. Es empfiehlt sich deshalb, eine solche Gesamtschau der Problemaspekte, eben eine »Problemlandschaft« zu erarbeiten.

Beispiel für eine Problemlandschaft:

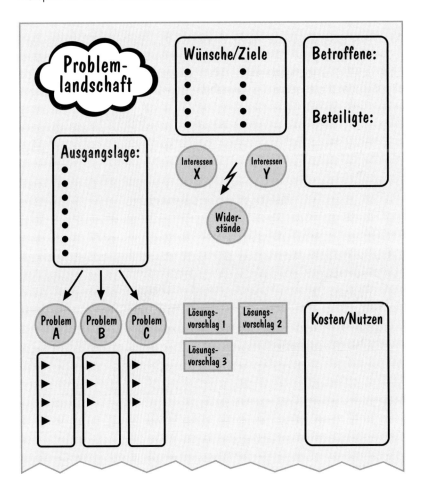

Dieses Zusammentragen der verschiedenen Problemsichten geschieht nach einem assoziativen Verfahren, nicht nach logischen Gesichtspunkten. Eine Kleingruppe sichtet das gesamte visualisierte Arbeitsmaterial und legt die Plakate nach Zusammengehörigkeit aufeinander. Die sich daraus ergebenden Plakathaufen werden im Raum ausgebreitet. Die Gruppe diskutiert die verschiedenen Gesichtspunkte der Zuordnung dieser Themenkomplexe, legt sie in eine räumliche Zuordnung zueinander und findet passende Über- und Unterschriften zu den einzelnen Aspekten.

Ist so eine Grundstruktur erarbeitet, werden zu den einzelnen Hauptpunkten Zusatzplakate, die die wichtigsten Diskussionsergebnisse enthalten, angefertigt. Diese Zusatzplakate können entweder in die Problemlandschaft eingearbeitet oder als weitere Plakate beigefügt werden.

Eine Problemlandschaft dient nicht nur der Gruppe als Übersicht über den Stand der Diskussion, sondern sie kann auch zur Präsentation der Gruppenergebnisse herangezogen werden. Dazu ist es wichtig, dass die gesamte Teilnehmergruppe sich mit der Problemlandschaft identifizieren kann.

Wie alle Visualisierungen muss die Problemlandschaft nicht für sich alleine wirken, sondern sie ist Ergänzung einer verbalen Erläuterung.

Kleingruppenszenarien

Beispiele für Problemlösungsszenarien:

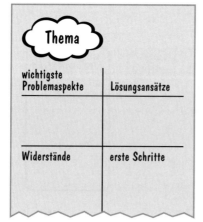

Bei dem Erarbeiten von Lösungsansätzen in Kleingruppen muss das Kleingruppenszenario so aufgebaut sein, dass die Teilnehmer möglichst konkrete Lösungsvorschläge vorbereiten, die dann von der gesamten Gruppe in den Tätigkeitskatalog eingesetzt werden können.

»Konkret« heißt dabei:
- Der Zeithorizont der Realisierung soll maximal drei Monate betragen. Ist ein Lösungsvorschlag in dieser Zeit nicht zu realisieren, muss der Vorschlag in einzelne Teiltätigkeiten aufgesplittet werden, so dass sie in einem überschaubaren Zeitraum durchzuführen sind.
- Der Lösungsvorschlag soll innerhalb der Kompetenz der Gruppe liegen. Greift der Lösungsvorschlag über die Klausurgruppe hinaus, müssen sich Gruppenmitglieder bereitfinden, die anderen Personen »mit ins Boot« zu holen.

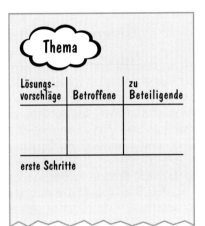

Darüber hinaus muss das Kleingruppenszenario so vorgegeben werden, dass nicht die gesamte Problemdiskussion wieder von vorne beginnt. Ein Problemlösungsszenario hat deshalb nur Sinn, wenn eine Problembearbeitungsphase in Kleingruppen vorausgegangen ist.

Simultanprotokoll als Zwischenprotokoll

Gelegentlich entsteht bei Teilnehmern eine Verwirrung über die Fülle der entstandenen Plakate. Sie überblicken dann nicht mehr, was mit welchen Ergebnissen schon bearbeitet ist und was noch weiter verfolgt werden muss. Das passiert besonders bei Großveranstaltungen, in denen eine große Zahl von Kleingruppen parallel arbeitet.

Hier empfiehlt es sich, am Abend jedes Tages ein Zwischenprotokoll zu erstellen. Das kann dadurch sichergestellt werden, dass man die Plakate abschreibt, abfotografiert oder einscannt und bis zum nächsten Morgen als vervielfältigtes Protokoll jedem Teilnehmer zur Verfügung stellt, damit er in den nächsten Kleingruppen weiterarbeiten kann.

Zusammenfassen des Problemspeichers

Wenn der Problemspeicher sehr groß geworden ist, d. h. mehr als 30 Punkte enthält, verlieren die Teilnehmer leicht den Überblick. Es ist dann sinnvoll, eine Kleingruppe damit zu beauftragen, den Problemspeicher zu sichten, zusammengehörige Punkte zusammenzufassen und zu vermerken,
- ob und in welcher Form das Problem schon bearbeitet worden ist;
- wie viele Punkte insgesamt in den verschiedenen Bewertungsgängen auf das Problem entfallen sind;
- welche Art von Ergebnissen zu dem Problem schon vorliegen.

Der zusammengefasste Problemspeicher wird anschließend dem Plenum vorgestellt und ersetzt nunmehr – wenn er vom Plenum akzeptiert wird – alle bisherigen Problemsammlungen.

Umsetzen und Sichern der Ergebnisse

Aktivitäts- und Verhaltenskataloge

Für alle Problemklausuren ist das wichtigste Instrument für die Realisierung der Diskussionsergebnisse der Tätigkeitskatalog:

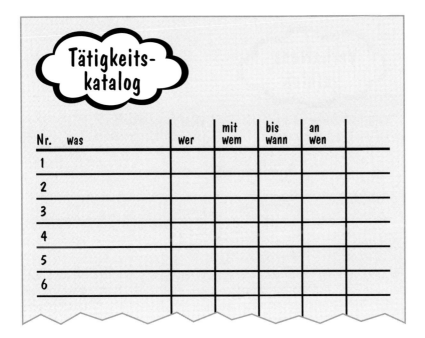

Er sollte durch Kleingruppenarbeiten vorbereitet sein, damit die häufig ermüdende Suche nach sinnvollen Folgeaktivitäten nicht in dem sehr schwerfälligen Plenum durchgeführt werden muss.

Bei der Erstellung des Tätigkeitskatalogs muss darauf geachtet werden, dass zu jeder Tätigkeit auch die dazugehörigen Spalten ausgefüllt werden. Findet sich niemand aus dem Teilnehmerkreis, der bereit ist, sich in die »Wer«-Spalte eintragen zu lassen, so wird diese Tätigkeit wieder gestrichen.

Beim Ausfüllen der »bis-wann«-Spalte zeigt sich häufig, ob die Tätigkeit konkret genug beschrieben ist, ob sie also in einem überschaubaren Zeitraum durchgeführt werden kann. Ein Tätigkeitskatalog, in dem diese beiden Fragen nicht ausreichend geklärt sind, hat selten Chancen, auch realisiert zu werden.

Stehen im Mittelpunkt einer Klausur nicht so sehr ein Sachergebnis, sondern Verhaltensweisen der Teilnehmer, so liegt der Lösungsvorschlag in bestimmten Verhaltensvereinbarungen, die die Teilnehmer miteinander treffen. Auch diese Verhaltensvereinbarungen werden in einem Katalog zusammengefasst, der folgendermaßen aussehen kann:

Für den Verhaltenskatalog werden zunächst alle Regeln, die im Laufe der Klausur aufgestellt worden sind, auf einer Liste gesammelt. Jeder Teilnehmer erhält eine bestimmte Anzahl von Punkten und sucht die Verhaltensweisen heraus, die er für die Gruppen-Kommunikation am wichtigsten hält. Die vier oder fünf wichtigsten Regeln werden in den linken Teil des Katalogs aufgenommen.

Anschließend fertigt jeder Teilnehmer für sich ein Plakat an, in das er den linken Teil des Gruppenkatalogs übernimmt und auf der rechten Seite einträgt, welche Verhaltensweisen er darüber hinaus für sich gern ausprobieren möchte. Diese Ergebnisse der Einzelarbeit können der Gruppe noch einmal vorgestellt werden, wenn das Vertrauensverhältnis in der Gruppe groß genug ist.

Es kann sich aber auch jeder Teilnehmer sein Plakat mit nach Hause nehmen, ohne dass es noch einmal vorgestellt wurde. In diesem Fall kann der individuelle Katalog auch auf ein DIN-A4-Blatt geschrieben werden.

Für die Moderatoren ist es wichtig, darauf zu achten, dass nicht zu viele Verhaltensweisen aufgenommen werden und dass die Selbstansprüche der Gruppe und jedes Einzelnen nicht zu hoch sind. Nur dann haben sie Chancen, in Zukunft beachtet zu werden (kleine Brötchen backen!).

Dafür Ist es auch wichtig, dass die Verhaltensvereinbarungen so konkret wie möglich formuliert sind. Also nicht: »In Zukunft toleranter miteinander umgehen«, sondern »Ich-statt-man-Regel« beachten.

Simultanprotokoll als Abschlussprotokoll

Das Protokoll einer moderierten Veranstaltung entsteht aus den Visualisierungen, die dafür vorbereitet oder während der Klausur erarbeitet wurden. Da nur diejenigen Äußerungen in einem Simultanprotokoll auftauchen, die sich auch auf Plakaten niedergeschlagen haben, ist es notwendig, darauf zu achten, dass alle von den Teilnehmern als wichtig erachteten Aussagen auch auf Plakaten festgehalten werden. Simultanprotokoll bedeutet, dass das Protokoll im Laufe der Arbeit simultan mit dem Arbeitsprozess entsteht und nicht erst anschließend aus der Erinnerung oder den Notizen Einzelner zusammengestellt wird.

Trotzdem enthält ein Simultanprotokoll nicht einfach sämtliche Plakate der Klausur. Viele Plakate stellen lediglich Zwischenschritte dar, die im laufenden Prozess wichtig sind, aber für das Abschlussergebnis keine Bedeutung mehr haben. Es ist deshalb immer notwendig, eine Auswahl zu treffen.

Ebenso notwendig ist es, für das Protokoll einen lesbaren Umfang zu erreichen. (Während einer dreitägigen Klausur werden ca. 120 bis 150 Plakate beschrieben. Ein vollständiges Protokoll wäre schon deshalb kaum mehr überschaubar.) Die Auswahl sollte deshalb von allen Teilnehmern gemeinsam getroffen werden (was sehr mühsam ist) oder von einer repräsentativen Teilgruppe. Es sollte nicht den Moderatoren allein überlassen bleiben, welche Plakate in das Protokoll kommen, da ihre Wertung für die Gruppe nicht unbedingt repräsentativ sein muss.

In einem Simultanprotokoll soll der visuelle Eindruck des Plakats möglichst genau wiedergegeben werden. Das ist wichtig, weil der Erinnerungseffekt eines Plakats häufig eher in der visuellen Gestaltung als in den inhaltlichen Punkten liegt.

Grundsätzlich bieten sich zwei technische Möglichkeiten an:
1. handschriftliches Abschreiben der ausgewählten Plakate
2. Abfotografieren oder Abkopieren der ausgewählten Plakate.

Das Abschreiben kann schon während der Klausur erfolgen, z. B. indem abends die ausgewählten Plakate an Teilnehmer verteilt werden, die sie auf ein DIN-A4-Blatt abschreiben. Wenn ein Fotokopierer vorhanden ist, können die Blätter dann sofort kopiert und den Teilnehmern unmittelbar nach der Arbeit ausgehändigt werden.

Damit der visuelle Eindruck möglichst unverfälscht erhalten bleibt, ist die Handschrift dem Computer vorzuziehen, so dass eine Erinnerungsbrücke zum tatsächlichen Geschehen erhalten bleibt, die häufig für die Realisierung des Tätigkeitskataloges hilfreich ist.

Voraussetzung dafür ist, dass die Teilnehmer eine lesbare Handschrift haben und sich die Mühe machen, die visuelle Gestaltung möglichst präzise wiederzugeben. Der Vorteil liegt darin, dass das Protokoll sofort verfügbar ist; ein Nachteil ist, dass besonders am Anfang die Tendenz besteht, zu viele Plakate festzuhalten, so dass das Protokoll – aus der Sicht des letzten Tages – unnötig umfangreich und unübersichtlich wird.

Abfotografieren mit Kleinbildkamera

Die ausgewählten Plakate werden mit einer Kleinbildkamera fotografiert. Dabei ist auf einen feinkörnigen Film mit guter Farbauflösung zu achten (orthochromatische Filme). Das Negativ wird auf DIN A4 vergrößert und kann dann vervielfältigt werden. Der Vorteil liegt darin, dass jede Kleinbildkamera mit Stativ mit einem handelsüblichen Film verwendet werden kann. Der Nachteil ist darin zu sehen, dass sich erst nach dem Entwickeln herausstellt, ob die Aufnahme gelungen ist (wenn die Plakate meist schon vernichtet sind!).

Abfotografieren mit Polaroid

Die ausgewählten Plakate werden mit einer Großbildkamera fotografiert, die über ein Polaroidmagazin verfügt. Als Film wird ein Polaroid-Negativfilm verwendet. Das Negativ wird auf DIN A4 vergrößert und anschließend vervielfältigt. Der Vorteil dieses Verfahrens liegt einmal in der guten Farbauflösung der Polaroidfilme, zum anderen in der Tatsache, dass die Qualität der Aufnahme sofort überprüft werden kann. Nachteilig ist vor allem der hohe technische – und damit kostenmäßige – Aufwand.

Abfotografieren mit der Digitalkamera

Die technisch einfachste Lösung, da das Plakat sofort über den PC in beliebiger Menge ausgedruckt werden kann. Voraussetzung sind gute Lichtverhältnisse und eine hochauflösende Kamera (mind. 1,5 Mio. Pixel).

Abnehmen über Pinnwandkopierer

Die Plakate werden direkt vom handlichen kleinen Kopierer abgetastet und auf DIN-A4-Format verkleinert reproduziert. Der Vorteil des Verfahrens ist, dass Sie auch hier das Ergebnis sofort verfügbar haben. Nachteilig ist, dass häufig kleinere Nacharbeiten notwendig sind, um einwandfreie Kopiervorlagen zur Vervielfältigung für die Teilnehmer zu erhalten.

Für alle Simultanprotokolle gilt, dass sie nur für Teilnehmer verständlich sind. Außenstehende finden sich selten darin zurecht. Sollen Außenstehende mit Hilfe eines Protokolls informiert werden – besser ist eine Präsentation durch die Teilnehmer! –, wird ein eigenes Informationsprotokoll auf der Basis des Simultanprotokolls erstellt, das die notwendigen Erläuterungen enthält.

Auch für die Teilnehmer ist ein Simultanprotokoll leichter zu handhaben, wenn es gegliedert ist. Wir stellen deshalb an den Anfang eines Simultanprotokolls den tatsächlichen Ablaufplan einer Klausur und vermerken dahinter die Seitenzahlen des Protokolls, die sich auf den jeweiligen Klausurpunkt beziehen.

Abschluss der Veranstaltung

Offene Fragen

Durch das ständige Herausfiltern der wichtigsten Probleme während des Moderations-Prozesses ist es unausbleiblich, dass für einzelne Mitglieder auch am Schluss noch wichtige Fragen unbeantwortet geblieben sind. Es kann sich dabei um Sachprobleme handeln, die immer wieder »weggepunktet« wurden, es kann sich auch um Verhaltens- und Verfahrensfragen handeln, die für den einen oder anderen von Bedeutung sind.

Abschluss der Veranstaltung — Situationsbezogener Einsatz

Es ist wichtig, für diese Punkte am Schluss noch ein Ventil vorzusehen, eine Bearbeitungsform, die es wenigstens erlaubt, das Thema noch anzureißen und zu überlegen, wie damit umzugehen ist. Häufig tauchen an dieser Stelle auch Fragen zur ModerationsMethode auf, die ja selbst nicht Gegenstand einer Problemlösungsklausur ist.

Die einfachste Form ist, offene Fragen mit Hilfe einer Kartenfrage zusammenzustellen. Sie werden auf einem Plakat auf der linken Hälfte gesammelt und sortiert. Die rechte Hälfte bleibt zunächst frei. Sie dient dazu, die Antworten, die sich bei der Behandlung der Fragen in der Gruppe ergeben, mitzuvisualisieren. Diese Antworten können auch darin bestehen, festzulegen, wie die aufgeworfene Frage außerhalb der Klausur weiterbehandelt werden kann. Schließlich können sich auch noch ergänzende Eintragungen in den Tätigkeitskatalog ergeben.

Das Plakat für die »Offenen Fragen« sieht so aus:

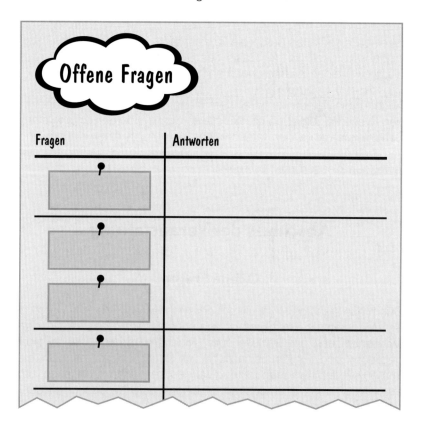

Abschlussblitzlicht

Die Regeln für das Abschlussblitzlicht sind die gleichen wie für jedes andere Blitzlicht. Hier sollte jedem Teilnehmer die Möglichkeit gegeben werden, noch einmal das auszudrücken, was ihn in dieser Endphase bewegt. Gerade hier ist es wichtig, sich genügend Zeit zu lassen, keine Zeitbegrenzungen vorzugeben und im Anschluss an das Blitzlicht die Möglichkeit zu haben, die darin angesprochenen Gefühle und Erfahrungen auszutauschen.

s. S. 146
Blitzlicht

Ein-Punkt-Frage

Für jede moderierte Veranstaltung – auch für kürzere Konferenzmoderationen – ist die folgende Frage geeignet:

Folgeaktivitäten

Je nach Komplexität der Problemstellung ist das Problem eventuell nicht mit einer Veranstaltung bereits erschöpfend behandelt bzw. gelöst. In solchen Fällen wird es notwendig sein, bereits in der letzten Klausurphase die Folgeaktivitäten zu initiieren. Das kann zum Beispiel die Bildung einer Projektgruppe oder eines Planungsteams sein.

Wenn Derartiges erforderlich ist zur langfristigen Beseitigung von Problemen, dann hat es sich als notwendig erwiesen, für mittel- und langfristige (strategische) Planungsprozesse außerhalb der normalen Organisationsstruktur eine Planungsstruktur für die Dauer der Planung aufzubauen. In der Regel handelt es sich bei solchen Prozessen ja um bereichsüberschreitende (die Organisationsstruktur übergreifende) Planungsfelder, die auch dem Planungsfeld entsprechende (Planungs-) Instanzen erforderlich machen. Als hilfreiche Planungsinstanzen haben sich drei Ebenen bewährt:

- Das Planungsteam sollte aus Mitarbeitern der operationalen Ebene zusammengesetzt sein, eventuell unterstützt von Personen, die die Planungsmethodik einbringen können (Absicherung der Mitarbeit im Team).

Folgeaktivitäten

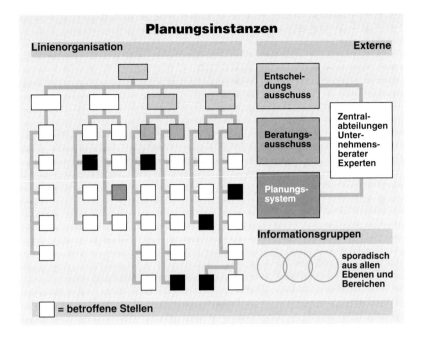

- Der Beratungsausschuss besteht aus Führungskräften der planenden Bereiche. Der Ausschuss soll – abhängig vom Planungsstand – dem Planungsteam beratend zur Seite stehen. Diese Ausschuss-Sitzungen sollten nach Möglichkeit von Nichtbetroffenen moderiert werden.
- Der Entscheidungsausschuss besteht aus den hierarchischen Spitzen der betroffenen Organisationseinheiten. Seine Aufgabe soll es sein, strategische Zwischenergebnisse abzusichern und das gesamte Planungsergebnis zu verabschieden und die Realisierung zu verantworten.

Vorteile dieser aufgabenorientierten Planungsinstanzen gegenüber dauerhaft installierten Stäben sind:

- Die verschiedenen Fachwissensträger können an einer Planungsaufgabe zusammenarbeiten – ohne dass organistorische Änderungen die Folge sind.
- Die üblichen – und normalerweise notwendigen – Kompetenzstrukturen verhindern nicht die bereichsübergreifende Kooperation.
- größere Ideenvielfalt
- Vermeiden einer blockierenden Planungsbürokratie
- Einbeziehung der vom Planungsprozess betroffenen Mitarbeiter.

Auch in Problemlösungsklausuren, die keinen derartigen Planungsprozess erforderlich machen, ist es dennoch wichtig, ein späteres Treffen zur Rückkoppelung zu vereinbaren. Mitunter reicht es aus, wenn alle Teilnehmer (und eventuell durch die Nachfolgeaktivitäten weitere Betroffene) sich für einige Stunden innerhalb der Institution treffen.

Es sollten jedoch auch für diese Gesprächssituation Moderatoren den Ablauf gestalten. Viele Institutionen verfügen bereits über eine Anzahl von ausgebildeten Moderatoren, die diesen Rückkoppelungsprozess weiter betreuen können.

Zu Beginn unserer Praxis haben wir uns häufig diese »Nachlassveranstaltungen« ausreden lassen und haben dann feststellen müssen, dass die in der Klausur crarbeiteten Ergebnisse (inhaltliche wie auch Kooperationsverbesserungen) im Sande verliefen. Dies führte dann meist dazu, die Klausur und die ModerationsMethode für nicht erfolgreich zu halten. Dabei lag es häufig nur an der fehlenden Nachbetreuung. Heute ist diese Nachphase ein unverzichtbarer Bestandteil unserer Klausur-Vereinbarungen. Innerhalb der OE-Praxis wird diese Funktion als die »Chance-agent«-Funktion beschrieben.

Ein weiterer wichtiger Gesichtspunkt ist die Einbeziehung der Hierarchie und der von den Klausurergebnissen betroffenen Mitarbeiter.

Hierfür haben sich grundsätzlich zwei Wege bewährt:

- Die Hierarchen, die die Klausurergebnisse mitzutragen haben, kommen am letzten Klausurtag hinzu. Nach einer kurzen Präsentation werden zusammen mit den »Entscheidern« die Ergebnisse verabschiedet und Verantwortliche für die Realisierung gefunden.
- Ein bis zwei Wochen nach der Klausur werden die Ergebnisse von der Gesamtgruppe den verantwortlichen Hierarchen und Betroffenen präsentiert. Bei dieser Vorgehensweise können weitere Informationen, die nach der Klausur noch erarbeitet wurden, mit eingebracht werden. Somit wird meist die Entscheidungsgrundlage noch erheblich verbessert und damit die Angst davor, Entscheidungen zu treffen, reduziert.

Für die Absicherung der Klausurergebnisse hat sich das Simultanprotokoll als äußerst hilfreich und notwendig herausgestellt. Auf die sonst üblichen Protokollführer kann man dabei ganz verzichten. Damit entgeht man auch der Gefahr, dass im Protokoll nur das steht, was durch die Brille des Protokollanten wichtig erschien, und Teilnehmer mitunter überrascht sind über die Darstellung der Ergebnisse, an denen sie doch mitgewirkt haben (»Auf dieser Sitzung soll ich gewesen sein?!«). Im Gegensatz dazu besteht das Simultanprotokoll »nur« aus den abfotografierten oder wörtlich abgeschriebenen (und auf DIN A4 vergrößerten) Plakaten, die während der Klausur entstanden sind. Es kann also keiner etwas hinzudichten öder weglassen.

Mit Hilfe dieser Protokollart lässt sich auch das Entstehen von Lösungen für die Beteiligten gut nachvollziehen – aber eben nur für die Beteiligten. Es ist und soll nicht für andere Mitarbeiter verständlich sein, die nicht Teilnehmer der Klausur waren. Wenn eine Information über die Klausurergebnisse auch an Nicht-Teilnehmer weitergegeben werden soll, bietet sich entweder eine Präsentation oder eine Aufbereitung des Simultanprotokolls durch eine autorisierte Gruppe an.

Vorbereiten einer Moderation

Fragen und Einstimmen der Teilnehmer

Teilnehmer sollten nicht völlig unvorbereitet in eine Klausur kommen. Sie sollten bereits einen Eindruck davon haben, wie in einer Moderation gearbeitet wird. Darüber hinaus ist es sinnvoll, sie schon vorher nach ihren Zielen und Absichten zu fragen. Vielfach löst eine solche Frage erst die Erkenntnis aus, dass ihre Ziele und Absichten den Ablauf der Klausur bestimmen.

Auch für Moderatoren ist es häufig wichtig, sich im Vorhinein einen Eindruck von der Gruppe, von ihren Problemen und dem Organisationsklima, in dem sie arbeitet, zu machen.

Es gibt drei Möglichkeiten, dieses Ziel zu erreichen. Welcher Weg gewählt wird, hängt davon ab, wie viel Aufwand in die Vorbereitung investiert werden kann.

1. Interviews mit einzelnen Teilnehmern
   Die Teilnehmer werden einzeln – entweder alle oder eine repräsentative Auswahl – aufgesucht, nach ihrer Problemsicht befragt und über Ablauf und Ziele der Klausur unterrichtet.

2. Vorgespräch mit der Gruppe
   Die Gruppe wird in einer ein- bis zweistündigen Zusammenkunft schon ein bisschen mit der Moderation vertraut gemacht, indem ihre Wünsche und Absichten mit Hilfe der ModerationsMethode diskutiert werden. Die zweite Vorgehensweise ist der ersten vorzuziehen, da sie Moderation »live« erleben lässt und die Moderatoren nicht dem Verdacht ausgesetzt sind, dass sie »klüngeln«.

3. Einladungsschreiben
   Wenn der erste und der zweite Weg zu aufwendig sind oder kurzfristig nicht durchgeführt werden können, sollte zumindest das Einladungsschreiben so gehalten sein, dass die Teilnehmer rechtzeitig auf die Absicht und Methode der Veranstaltung eingestimmt werden.

Durchdenken der Bedingungen anhand von Vorfragen

Die Planung eines Moderationsablaufs wird wesentlich erleichtert, wenn sich die Moderatoren schon vorher folgende Fragen vorlegen:

- Wer ist unsere Zielgruppe:
  - Woher kommt sie?
  - Was tut sie?

- Wie ist unsere Zielgruppe zusammengesetzt:
  - hierarchisch,
  - funktional,
  - nach Arten der Tätigkeit
  - und Interessenlage?

- Was wollen die einzelnen Teilnehmer:
  - Ziele,
  - Absichten,
  - Erwartungen?

- Was wissen die Teilnehmer:
  - Vorwissen über das Problem,
  - Kenntnis der Hintergründe,
  - Fachwissen?

- Welche Konflikte können auftreten:
  - persönlich,
  - sachlich,
  - Intensität?

- Was kann danach passieren:
  - Organisationsstruktur,
  - Energie und Engagement für die Durchführung von Lösungen,
  - Entscheidungskompetenz der Gruppe
    (formelle und informelle Durchsetzungschancen)?

- Welche Rahmenbedingungen stehen schon fest:
  - Veranstaltungsort,
  - Entscheidungsspielraum?

- Wer hat die Moderatoren beauftragt:
  - Belastungen und Unterstützungen durch den Auftraggeber,
  - Interessen des Auftraggebers?

- Welche Erfahrungen haben die Teilnehmer mit Moderation:
  - Sind sie Neulinge,
  - haben sie gute Erfahrungen gemacht,
  - sind sie schon übersättigt von Moderation,
  - wer hat die Gruppe vor Ihnen moderiert?

Aufbau einer Moderation

Einstieg	Mittelteil	Finale
Kopf		
Bedürfnisse sichtbar machen	Problembearbeitung	Ergebnisorientierung herstellen
Problembezug herstellen	Diskussion	Folgeaktivitäten festlegen
Ziele der Veranstaltung erklären	Information	
Bauch		
anwärmen aufschließen	Wünsche und Ängste besprechbar machen	Zufriedenheit und Unbehagen erfragen
Techniken		
Ein-Punkt-Fragen Zuruf-Fragen	Stichwort-Sammlung Mehr-Punkt-Fragen	Tätigkeitskatalog Bewertungen
Rollenspiel	Klein- und Kleinstgruppenarbeit	Ein-Punkt-Fragen Dank, Musik
	Plenumsdiskussion	

Ablauf einer Moderation

Nr.	Was?	Wie?	Wer?	Zeit	Hilfsmittel
1	Begrüßung	Ansprache	A	2 min	Mund + Hände
2	Anwärmen	Frage: Spaß/Erfolg	B	3 min	Plakat, Punkte
3	Problemorientierung	Frage: Worüber muss hier unbedingt geredet werden?	A	5 min	Plakat (Überschrift) Karten, Nadeln
		Klumpen	A/B	10 min	Leerplakat
		Problemliste machen	A/B		vorbereitete Liste
		Liste bewerten	A/B		Punkte
4	Problemdiskussion	Kleingruppen bilden	A/B	5 min	Kuller
		Kleingruppenszenario vorstellen	A/B	2 min	vorbereitetes Szenario
		Kleingruppenarbeitsanweisung	A/B	2 min	Plakat mit Anweisungen, ausreichend Pinnwände, Ecken, Material
		Arbeit der Kleingruppen			
		Kleingruppen ergebnisse vorstellen	2 Teilnehmer	20 min	
		Problemliste fortschreiben	A/B		Problemliste
5	Handlungsorientierung	Ergebnisse bewerten	B		Punkte
		Ergebnisliste	A		Liste
6	Abschließen	Frage (Ein-Punkt)	B		Plakat

Material-Checkliste
für moderierte Veranstaltungen

Das Material für moderierte Veranstaltungen ist von der Teilnehmerzahl und der Dauer der Veranstaltung abhängig. Man rechnet im Schnitt mit folgenden Mengen:

Material	Menge
Packpapier (125 x 150 cm) pro Teilnehmer und Tag	3 Bogen
Kärtchen (10 x 21 cm) in vier Farben sortiert (weiß, grün, orange, gelb) pro Teilnehmer und Tag	60 Karten
Scheiben (Durchmesser 20 cm) in vier Farben, insgesamt pro Teilnehmer und Tag	2 Scheiben
Scheiben (Durchmesser 10 cm) in vier Farben, insgesamt pro Teilnehmer und Tag	2 Scheiben
Überschriftsstreifen (15 x 68 cm) in vier Farben, insgesamt pro Teilnehmer und Tag	2 Streifen
Filzschreiber (edding Nr. 1) in schwarz, pro Teilnehmer und Tag	1 Filzschreiber
Filzschreiber (edding Nr. 1) in rot, grün und blau, pro Teilnehmer und Tag	0,25 Filzschreiber
Filzschreiber (edding 800) in vier Farben, pro Teilnehmer und Tag	0,25 Filzschreiber
Klebestifte (Pritt, Bürogröße) pro Teilnehmer und Tag	0,25 Klebestifte
Klebepunkte (z. B. Herma 2251 gelb, 2252 rot, 2255 grün) in drei Farben, insgesamt pro Teilnehme und Tag	50 Klebepunkte

Nur von der Teilnehmerzahl abhängig sind:

Material	Menge
Pinnwände (leicht beweglich, freistehend, Höhe ca. 200 cm, Plattenmaß: 125 x 150 cm) pro Stand Plenum	 10 Pinnwände 10 Pinnwände
Papierscheren, pro Stand	2 Scheren
Tesakrepp (Breite 30 mm, Länge 30 m) pro Stand	 1 Rolle
Markierungsnadeln (6/15 Kopfgröße/Nadellänge) pro Stand	 500 Nadeln

Abendgestaltung

Bei einer Klausur spielt der Abend eine wichtige Rolle für den Gruppenprozess. Der Abend ist die Zeit, in der verarbeitet werden kann, was tagsüber nicht zur Sprache kommen konnte, in der ausagiert werden kann, was tagsüber unterdrückt wurde. Persönliche Kontakte knüpfen, sich näherkommen, Verarbeiten von Spannungen, Aussprechen von Gefühlen, die normalerweise nicht zugelassen werden können, Austausch individueller Erfahrungen, Ausagieren des Bewegungsdranges.

Das geht sicher alles auch bei einem guten Glas Wein in einer gemütlichen Ecke bei Musik und gedämpftem Licht. Die Moderatoren können aber auch anbieten, die Situation zu strukturieren. Durch Spiele, kleine Übungen, bestimmte Gesprächssituationen (womöglich ohne Papier und Filzstift) können sie den menschlichen, gefühlsmäßigen Kontakt verstärkt anregen.

Diese Abendspiele sollten jedoch bestimmten Bedingungen genügen:

- Die Atmosphäre für die abendliche Runde sollte sich deutlich von der Tagesatmosphäre unterscheiden. Wenn es nicht möglich ist, den Raum zu wechseln, dann sollte zumindest durch Licht,

Musik, Sitzordnung eine andere Situation geschaffen werden. Die Arbeitsmittel — Pinnwände, Material, beschriebene Plakate – sollten so beiseite gestellt sein, dass man nicht in einem Wald von Wänden sitzt und ständig an die Probleme erinnert wird.

- Die angebotenen Spiele und Übungen sollten das Vertrauen und die Kooperationsbereitschaft untereinander stärken. Konkurrenzspiele und alle Sieger/Verlierer-Spiele sind ungeeignet, da sie die Atmosphäre eher vergiften als lockern.

- Die Moderatoren sollten nur Spiele und Übungen anbieten, die sie selbst schon am eigenen Leibe erlebt haben und deren Auswirkungen sie kennen. Es empfiehlt sich nicht, Spiele nach Rezepten aus Büchern einzuführen – zumindest bedarf es eigener, praktischer Erfahrung mit ähnlichen Spielen, um zu erkennen, was dabei läuft.

- Spiele sind ein Angebot, aber kein Zwang zu gemeinsamer Abendgestaltung. Ein Blitzlicht zu Beginn der gemeinsamen abendlichen Runde kann klären helfen, welche Stimmung und Lust dazu vorhanden ist. Wenn die Teilnehmer es vorziehen, bei Pingpong, Sauna, Gesprächen in kleineren Gruppen sich zu entspannen, so ist das ihre Entscheidung und somit richtig. Auch die Moderatoren sollten keinen abendlichen Gemeinsamkeitsdruck für sich erzeugen, sich ebenfalls über ihre Lust und Stimmung klar werden und tun, wonach ihnen zumute ist.

- Erfahrungsgemäß bringen auch Teilnehmer oft Spiele ein. Das kann sehr anregend sein. Der Moderator sollte nur darauf achten, dass solche Spiele nicht destruktiv wirken, und gegebenenfalls darauf hinweisen, welche Wirkungen bestimmte Spiele haben können.

- Die Spiele sollten sich auf die konkrete Klausursituation und die Bedürfnisse der Teilnehmer beziehen; z. B. einer depressiven Stimmung kann gegengesteuert, oberflächliche Gespräche können vertieft und überdrehte Gruppen beruhigt werden.

Sammeln Sie für sich Spiele, die Sie erlebt und die Ihnen gefallen haben – das kann bei Bedarf sehr hilfreich sein. Weitere Anregungen vermitteln wir Ihnen in den Literaturhinweisen am Ende des Buches.

Moderations-
umgebung

Das Umfeld einer Moderation beeinflusst entscheidend das Gelingen der Gruppenarbeit. Lösen von Problemen in Gruppen heisst, Neues auszuprobieren, mit sich zu experimentieren, neue Wege zu anderen Menschen zu finden, zu »spinnen«. Angst und Verspannungen, die wir aus dem Alltag in diese Situation mitbringen, sind Mauern, die kreatives Verhalten verhindern. Das Umfeld kann eine Menge dazu beitragen, die Ängste und Verspannungen zu mildern und loszulassen. Andererseits kann der äußere Rahmen auch die Angst bis zum Stress verstärken, wenn er ungeeignet ist (wir alle kennen diese Räume bis zum Überdruss).

Der Gruppenraum

Wie viele Menschen wollen dort welche Aktivitäten durchführen? Welche Tätigkeiten und Stimmungen soll der Raum stimulieren?

Für die Moderation ist es wichtig, dass die Teilnehmer genug Platz und Bewegungsfreiheit haben. Für das Hantieren mit Pinnwänden, die Bildung von Kleingruppen, die Plenumsaktionen benötigt man mehr Raum als für die althergebrachte Sitzung. Wir rechnen mit bis zu acht Quadratmetern pro Teilnehmer. Ein zu eng bemessener Raum fördert Unbehagen und Aggression.

Die Farbgestaltung

Farben können die Entspannung stark fördern. Sie wirken auf das Unbewusste und haben einen direkten Einfluss auf Nerven und Kleinhirn. Der Farbeindruck sollte harmonisch und anregend sein, jedoch weder zu stark ablenkend noch zu dämpfend.

Als Grundregel gilt: Dunkle, warme Farben machen schläfrig, grelle Farben wie ein kräftiges Rot oder Grün machen aggressiv, zu viel blau wirkt kalt und unpersönlich. Intensive Musterungen wirken unruhig und lenken ab. Zu empfehlen sind harmonische Landschaftsfarben wie Wiesengrün, Sonnengelb, Orange, Kastanienbraun.

Licht, Luft, Landschaft

Dem biologischen Leistungsrhythmus bekommt Tageslicht besser. Das künstliche Licht für den Abend sollte variierbar sein, sanft und indirekt bei Entspannungsübungen, hell und warm in Arbeitssituationen. Viele und große Fenster sind nicht nur nützlich für eine natürliche Be- und Entlüftung, sondern sie beziehen auch die Landschaft mit in den Raum ein. Besonders das Grün von Bäumen und Wiesen wirkt entspannend auf Augen und Nerven.

Temperatur

Eine angenehme Wärme, variierbar nach der Intensität der Bewegung, erleichtert die Entspannung des Körpers. Empfehlenswert ist eine Fußbodenheizung. Ein Teppich sollte das Wärmegefühl von unten zusätzlich unterstützen.

Die Akustik

Durch die Ausstattung des Raumes mit Teppichen, Vorhängen, eventuell Wandteppichen kann die Akustik bis zu 300 Quadratmeter auf die Bedürfnisse der Gruppenarbeit abgestimmt werden. Da das Scharren von Füßen, das Rücken von Tafeln und Stühlen etc. im Laufe des Tages die Aggressionen der Gruppe erheblich erhöhen können, ist ein Teppichbelag kein Luxus, sondern eine Notwendigkeit.

Einrichtung

Folgende Grundausstattung ist für Moderation notwendig:

- bequeme Stühle (Zahl je nach Raumgröße, pro acht Quadratmeter ein Stuhl, also bei 160 Quadratmetern 20 Stühle)
- kleine Tischchen (auf Rollen) für Material und Getränke
- genug Pinnwände (pro Teilnehmer eine Pinnwand)
- Ablageböcke für Packpapier
- Stellage für Materialreserven (Material siehe Checkliste)
- Musikanlage
- Selbstbedienungseinrichtung für Getränke.

Die Erholung

Wenn eine Gruppe einen Tag und länger in einem Raum miteinander lebt, sollte auch die Möglichkeit zur Entspannung und Erholung geschaffen sein. Erfrischende Getränke zwischendurch (Selbstbedienung) und leichtes, abwechslungsreiches Essen unterstützen das Wohlbefinden. Musik durch eine gute Musikanlage – das Programm ist eher Geschmackssache des Trainers – ist für Erholungsphasen fast schon eine Selbstverständlichkeit.

Alle Serviceeinrichtungen sollten sich in den Raum einfügen, um den Seminarablauf nicht zu sehr zu unterbrechen.

Für Spaziergänge in den Pausen ist eine schöne Landschaft am Seminarort eine wohltuende Abrundung.

Unterbringung

Die Unterbringung, im Einzelzimmer, sollte so gestaltet sein, dass sie den Komfortbedürfnissen der Gruppe entspricht – und nicht womöglich eine Quelle von Unbehagen darstellt.

Anwendungs-
felder

Großveranstaltungen

Für alle Veranstaltungen, die mehr als 20 Teilnehmer umfassen und sich trotzdem nicht auf Einweg-Kommunikation beschränken sollen, eignet sich der Einsatz der ModerationsMethode.

Veranstaltungstypen, bei denen sich der Einsatz der Moderation bereits bewährt hat, sind:
- Firmentagung
- Betriebsversammlung
- Vertriebstagung
- Kundenbedarfsanalyse
- Fachkongress
- Messestand
- Verbandstagung
- Jahrestagung
- Betriebsjubiläum
- Einführung neuer Mitarbeiter
- Großseminar
- Change-Veranstaltungen

- Fusionen
- Bildungsbedarfs-Analyse
- Elternversammlungen
- Bürgerversammlungen, Open-Space-Veranstaltungen
- Lehrveranstaltungen an Hochschulen, gestaltete Unterrichtsstunden
- Projektarbeit – um nur einige zu nennen.

Je nach Zielsetzung, Zahl der Teilnehmer und Aufwand für die Vor- und Nachbereitung gibt es dafür verschiedene Modelle. Die folgende Darstellung zeigt den Zusammenhang zwischen Zahl der Teilnehmer und Zielen.

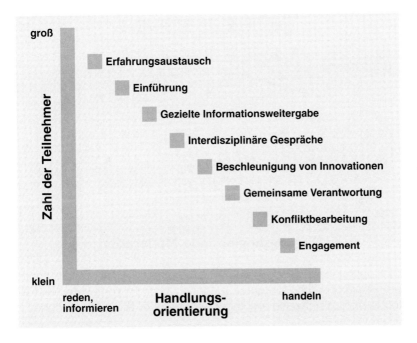

Die Modelle sind durch unterschiedlichen Anteil der Moderations-Methode innerhalb der Veranstaltung gekennzeichnet.

Fast klassische Tagung

Wenn ein Referat in die Veranstaltung eingebracht werden soll und die Teilnehmer sich durch eine intensive Diskussion mit diesem Punkt auseinandersetzen sollen, so bietet sich diese Form der moderierten Diskussion an:

Ablauf

Der Referent hält seinen Vortrag vor dem Gesamtplenum. Statt nun Mikrophone ins Auditorium zu stellen oder eine Podiumsdiskussion zu organisieren, wird das Plenum in moderierbare Gruppengrößen aufgeteilt (etwa 20 Personen), die, von jeweils zwei Moderatoren unterstützt, über das Referat diskutieren.

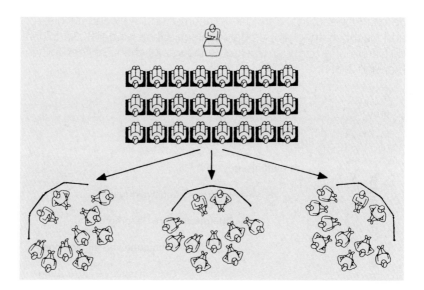

Tagungsbegleitende Moderation

Die tagungsbegleitende Moderation bietet sich an als Parallelangebot für Veranstalter, die damit rechnen, dass die vorgesehenen Referate nicht gleichzeitig alle Tagungsteilnehmer befriedigen können.

Ablauf

Alle Teilnehmer, die gerade kein für sie interessantes Themenangebot auf dem Kongress finden, treffen sich an schon vorbereiteten Diskussionsständen. Dort werden die verschiedenen durch den Kongress im Moment nicht abgedeckten Interessenbereiche und Themen gesammelt. Die Themen, für die sich ein größerer Teilnehmerkreis erwärmen kann, werden an separaten Diskussionsständen bearbeitet. Dabei werden die unterschiedlichen beruflichen Erfahrungen der Teilnehmer dafür sorgen, dass jeder eine Fülle von Anregungen erfährt.

Diese Diskussionsstände werden von den Moderatoren moderiert. Ihre Aufgabe ist es, den Prozess der Diskussion, nicht aber ihren Inhalt zu steuern.

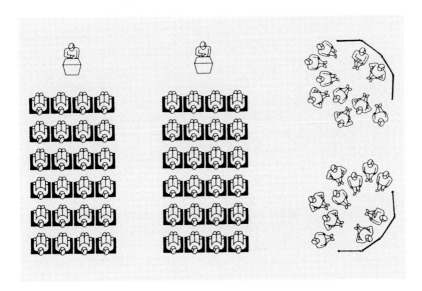

Diskussionsmarkt

Der Diskussionsmarkt eignet sich für folgende Situationen:

- wenn der Veranstalter erreichen will, dass die Teilnehmer über Probleme ihrer eigenen Wahl diskutieren können
- wenn der Veranstalter erreichen will, dass die Teilnehmer ein gemeinsames Handlungskonzept finden
- wenn der Veranstalter ein hohes Maß an Spontaneität der Teilnehmer ermöglichen will
- wenn der Veranstalter nicht die Möglichkeit zu einer intensiven inhaltlichen Vorbereitung hat.

Ablauf

Beispiel eines Diskussionsmarktes für die Führungskräfte der Maschinenbau AG.

Tagesplan:	
9.00 Uhr	Begrüßung der Teilnehmer und Hinweise auf den Ablauf des Diskussionsmarktes
9.15 Uhr	Standrunde zur Themenfindung
10.00 Uhr	Kaffeepause
10.30 Uhr	Plenum: Bewertung und Auswahl der Themen für die Standrunden
11.00 Uhr	1. Standrunde nach Wahl der Teilnehmer
13.00 Uhr	Mittagessen
14.30 Uhr	2. Standrunde nach Wahl der Teilnehmer
16.30 Uhr	Abschlussplenum
17.00 Uhr	Ende des Diskussionsmarktes
Ab 19.00 Uhr	Zwangloses Beisammensein der Führungskräfte, an dem auch die Ehepartner teilnehmen.

Im Anschluss an eine solche Einführung in den Ablauf des Diskussionsmarktes verteilen sich die Teilnehmer nach freier Wahl auf die Diskussionsstände. Jeder beginnt nach seiner Disposition bei dem Thema, dem er das größte Interesse entgegenbringt.

Je nach Zielsetzung und Gesamtdauer der Veranstaltung lassen sich die einzelnen Standrunden-Zeiten und die Anzahl der Standrunden bestimmen. In diesem Ablaufbeispiel werden die Themen erst in der Veranstaltung selbst festgelegt: eine Variante, die von den Moderatoren sehr viel Flexibilität und Erfahrung verlangt.

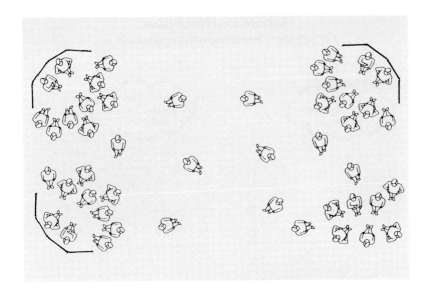

Moderationsschema eines Diskussionsmarktes

Für den Diskussionsmarkt gibt es, wie erwähnt, zwei Varianten:

1. Die Themen werden in einer Vorphase festgelegt. Im Diskussionsmarkt steht dann noch ein Spontanstand zur Verfügung, an dem aktuelle Themen diskutiert werden können.

2. Die Themen werden erst während des Marktes gesammelt und ausgewählt. Für die Variante 2 ist es notwendig, den eigentlichen Standrunden eine Themenfindungsrunde vorzuschalten. Während sich die Teilnehmer den Themenständen nach den von ihnen gewählten Themen zuordnen, werden sie in der Themenfindungsrunde nach dem Zufallsprinzip auf die Themenstände aufgeteilt.

Diskussionsmarkt
(Themenfindung)   Anwendungsfelder

Schematischer Ablauf einer Themenfindungsrunde

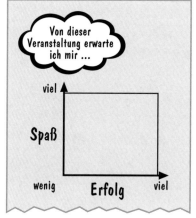

1 Punkt je Teilnehmer

Kartenfrage

Leerplakat für Kartenfrage

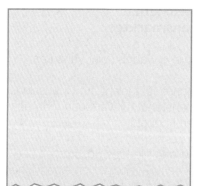

Bewertungsfrage
2 Themenlisten vorbereiten

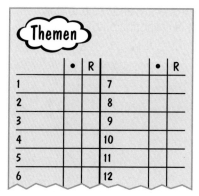

Anwendungsfelder
Diskussionsmarkt (Standrunde)

Schematischer Ablauf einer Standrunde

1 Punkt je Teilnehmer, beim Hereinkommen zu kleben

Kartenfrage

1 Punkt je Teilnehmer

Leerplakat für Kartenfrage

Diskussionsmarkt
(Standrunde)   Anwendungsfelder

alternative Bewertungsfragen

Problemliste 1

Problemliste 2

Kleingruppenszenarien

1 Punkt je Teilnehmer

Informationsbörse
(Info-Börse)

Informieren und informiert werden – das ist heute eine der wichtigsten Führungsaufgaben in jeder Organisation. Aber: Wer liest schon all das, was ihm auf den Schreibtisch flattert; wer kann und mag schon den Dauerrednern zuhören, die Informationen mit Selbstdarstellung verwechseln, und wer weiß schon, wie seine Informationen ankommen?! Diese Frage löst die Info-Börse, ein Informations- und Feedback-Instrument für Veranstaltungen mit 100 bis 2000 Personen.

Die Informationsbörse lässt sich in folgenden Situationen anwenden:

- wenn die Teilnehmer sich mit bestimmten Themen beschäftigen sollen/wollen
- wenn die Teilnehmer zu den angebotenen Informationen Stellung beziehen sollen
- wenn genügend Zeit und Kapazität für die inhaltliche Vorbereitung vorhanden ist
- wenn die Teilnehmer aus dieser Diskussion Konsequenzen für ihre tägliche Arbeit ziehen sollen.

Ablauf

Die Themen werden – unter Mitwirkung der späteren Teilnehmer – ausgewählt, sie werden mit Hilfe der ModerationsMethode zu Informationsständen aufbereitet. Diese Stände werden bei der Info-Börse präsentiert, das heißt: Je 15 bis 25 Personen diskutieren – wiederum mit Hilfe der Moderation – die eingebrachten Informationen. Jeder Teilnehmer wird angesprochen, jeder Teilnehmer kann mitmachen.

Bis zu drei Informationsstände kann jeder Teilnehmer einer Info-Börse am Tag besuchen. Mehr als drei Standrunden pro Tag überfordern die Aufnahmekapazität der Teilnehmer.

Nun liegt es auf der Hand, dass eine derartige Veranstaltung eine wesentlich längere Zeit der Vorbereitung als der Diskussionsmarkt braucht. Die Vorbereitung macht dafür schon einen wesentlichen Teil des Effekts aus, der durch die Informationsbörse erzielt werden soll/kann.

In die Vorbereitung fallen Themenauswahl, Themenaufbereitung, Vorklärung von inhaltlichem Zündstoff, Organisation der Vorbereiter, die Moderatorenausbildung und die Koordination der organisationsinternen Absichten. Unsere Erfahrung hat gezeigt, dass gerade die Vorbereitungsphase eine verstärkte Identifikation mit der Institution und eine Steigerung der Motivation bringt. Über die vorbereiteten Informationsstände hinaus, sollte auch ein Spontanstand angeboten werden, der das Aufgreifen von aktuell aufgetretenen Problemen ermöglicht.

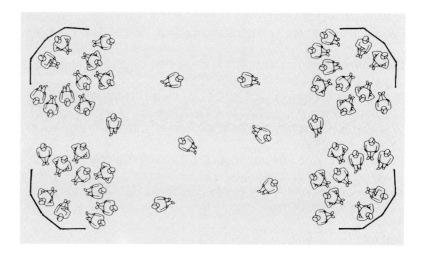

Moderationsschema einer Informationsbörse

s. S. 213
Lernveranstaltungen

Wie bei dem Einsatz der ModerationsMethode in Lernveranstaltungen kommt es auch bei einem Marktstand in einer Informationsbörse darauf an, die Informationen so zu platzieren, dass die Teilnehmer ihnen ein hohes Maß an Aufmerksamkeit entgegenbringen können. Deshalb ist es notwendig, sie nicht mit den Informationen zu überfallen, sondern sie vorher anzuwärmen und ihr Problembewusstsein zu schärfen.

Ferner sollen die Informationen nicht »l'art pour l'art« abgegeben werden, sondern sie sollen eine Handlungsbedeutung für die Teilnehmer erlangen. Dazu ist es notwendig, im Moderationsablauf eine Phase vorzusehen, in der die Informationen verarbeitet werden können. Verarbeiten heißt:

■ kritische Beleuchtung der Informationen aus der Sicht des Teilnehmers

- Anreicherung der Informationen durch eigenes Wissen und eigene Erfahrungen der Teilnehmer
- Umsetzen der Informationen in den eigenen Handlungsrahmen der Teilnehmer.

Die folgende Darstellung zeigt das allgemeine Schema eines Marktstandes in einer Informationsbörse. Natürlich kann ein solcher Ablauf auch themenbezogen modifiziert werden, wobei jedoch die folgenden fünf Stufen eines Informationsstandes eingehalten werden sollten:

- Anwärmen
- Herstellen des Problembewusstseins
- Information
- Informationsverarbeitung
- Handlungsorientierung.

In Informationsbörsen, bei denen die Teilnehmer verschiedene Themenstände durchlaufen, empfiehlt es sich, für die Themen oder auch die Themenrunden unterschiedliche Abläufe festzulegen, um Ermüdungserscheinungen bei den Teilnehmern vorzubeugen.

Schematischer Ablauf eines Themenstandes

Ein Punkt je Teilnehmer, beim Hereinkommen zu kleben

Kartenfrage

Informationsbörse   Anwendungsfelder

1 Punkt je Teilnehmer

Leerplakat für Kartenfrage

alternative Bewertungsfragen

Kleingruppenszenarien

Nach jeder Standrunde oder am Ende einer Informationsbörse sollte das Gesamtplenum noch einmal zusammenkommen, um die Ergebnisse aus den Ständen präsentiert zu bekommen. Sie zeigen abschließend im Überblick:

- die Schwerpunkte der Diskussion am Marktstand
- die erarbeiteten Lösungsansätze
- offene/weiterführende Fragen.

Die dazu notwendigen Plakate sollten möglichst schon im Marktstand entstehen. Die Präsentation übernehmen dann jeweils zwei Teilnehmer aus den einzelnen Ständen (nicht die Moderatoren!).

Schematische Darstellung des Gesamtablaufs einer Informationsbörse

1. Tag	Ablauf

9.00 Uhr   Gesamtplenum   Begrüßung;
technische Hinweise zum Ablauf;
Aufteilung auf die Marktstände

9.30 Uhr   1. Standrunde

12.30 Uhr   Präsentation der Ergebnisse der 1. Standrunde

12.45 Uhr   Mittagspause

15.00 Uhr   2. Standrunde

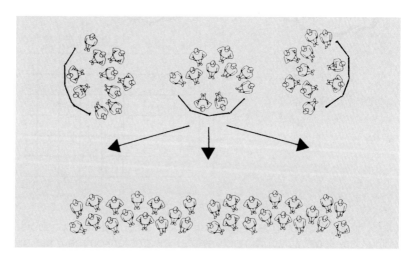

17.30 Uhr   Präsentation der Ergebnisse der 2. Standrunde;
tagungsbegleitende Transparenzfragen

18.30 Uhr   Ende des 1. Tages

19.00 Uhr   Abendessen

20.00 Uhr   Gemeinsame Abendgestaltung
(Unterhaltung, informelle Kontakte)

Anwendungsfelder　　Informationsbörse

2. Tag　　Ablauf

9.00 Uhr　Gesamtplenum　tagungsbegleitende
　　　　　　　　　　　　　　Transparenzfragen;
　　　　　　　　　　　　　　Begrüßung;
　　　　　　　　　　　　　　Ankündigung des Spontanstandes;
　　　　　　　　　　　　　　Aufteilung auf die Marktstände

9.30 Uhr　3. Standrunde

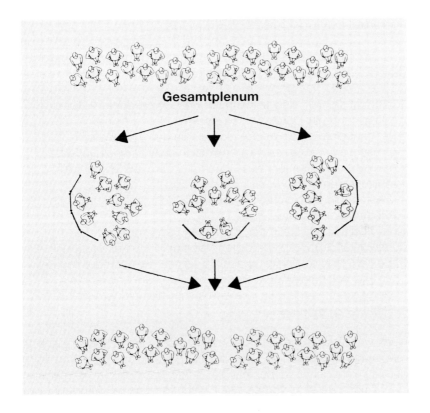

12.00 Uhr　Präsentation der Ergebnisse der 3. Standrunde.
　　　　　　Wie geht es weiter? Offizielle Verabschiedung.
　　　　　　Transparenzfrage zum Schluss

13.00 Uhr　gemeinsames Mittagessen

14.30 Uhr　Abreise

Standards für moderierte Großveranstaltungen

Vorfragen zum Veranstaltungstyp

Eine moderierte Großveranstaltung ist sinnvoll, wenn

- der Wunsch nach Kommunikation zwischen den Teilnehmern im Vordergrund steht,
- eine Chance besteht, dass die während der Veranstaltung erarbeiteten Ergebnisse realisiert werden können.

Deshalb müssen folgende Fragen geklärt sein, bevor die Entscheidung für eine moderierte Großveranstaltung fällt:

1. Ist beabsichtigt, den Teilnehmern Freiheit bei der inhaltlichen Gestaltung der Diskussion zu lassen?
2. Ist beabsichtigt, die Informationen, die den Teilnehmern präsentiert werden, von ihnen kritisch diskutieren zu lassen?
3. Besteht die Offenheit, neue Ideen aus dem Teilnehmerkreis aufzugreifen?
4. Besteht die Bereitschaft, Kritik der Teilnehmer an Inhalt und Methode offenzulegen?
5. Ist beabsichtigt, nach der Tagung an den Problemen der Veranstaltung weiterzuarbeiten, eventuell in Projektgruppen?
6. Besteht die Möglichkeit, dass die Teilnehmer nach der Tagung an Themen ihrer Wahl weiterarbeiten können, und ist die Bereitschaft vorhanden, diese Interessenten an dem weiteren Prozess zu beteiligen?

Nur wenn diese Fragen mit »Ja« beantwortet werden können, ist eine moderierte Großveranstaltung sinnvoll. Sind einige dieser Vorbedingungen nicht gegeben, besteht die Gefahr, dass den Teilnehmern ein Handlungsspielraum vorgegaukelt wird, den sie in Wahrheit nicht haben. Diese Manipulation der Teilnehmer führt nicht nur zu schwer zu bewältigenden Konflikten während der Veranstaltung, sie verkehrt auch den Motivationseffekt der ModerationsMethode ins Gegenteil.

Ist die Frage, ob eine moderierte Großveranstaltung sinnvoll ist, positiv entschieden, muss festgelegt werden, welcher Veranstaltungstyp (oder welche phasenweise Mischung mehrerer Typen) der Problemstellung angemessen ist.

Folgende Fragen können dabei eine Hilfestellung geben:

- Wollen Sie erreichen, dass die Teilnehmer über Probleme ihrer eigenen Wahl sprechen?
- Wollen Sie erreichen, dass die Teilnehmer ein gemeinsames Handlungskonzept finden?
- Wollen Sie, dass ein hohes Maß an Spontaneität der Teilnehmer erreicht wird?
- Fehlt ihnen die Zeit für eine intensive inhaltliche Vorbereitung einzelner Themen?

Dann wählen sie am besten einen »Diskussionsmarkt«.

- Wollen Sie die Teilnehmer mit bestimmten, vorher ausgewählten Themen konfrontieren?
- Besteht die Notwendigkeit, die Teilnehmer mit bestimmten Informationen zu versorgen?
- Sollen die Teilnehmer zu den ihnen vermittelten Informationen Stellung beziehen?
- Haben Sie ausreichend Zeit und personelle Kapazität für die inhaltliche Vorbereitung der einzelnen Themen?
- Wünschen Sie, dass die Teilnehmer aus den Informationen und Diskussionen Konsequenzen für ihre tägliche Arbeit ziehen?

Dann wählen Sie am besten eine »Informationsbörse«.

- Haben Sie ein Referat vorgesehen, auf dessen intensive Diskussion Sie nicht verzichten wollen?

Dann wählen Sie am besten eine »fast klassische Tagung«.

- Wollen Sie Kongresse, Messen, Ausstellungen usw. durch den Einsatz der ModerationsMethode auflockern?
- Wollen Sie die Interessen und Bedürfnisse von Besuchern einer Messe, einer Ausstellung, eines Kongresses erfahren?
- Wünschen Sie, dass diese Besucher einen intensiveren Kontakt untereinander erleben sollen?

Dann wählen Sie am besten eine »tagungsbegleitende Moderation«.

Diese Veranstaltungstypen sind auch phasenweise kombinierbar. Sie können also zum Beispiel mit einem Referat beginnen, das in Form der »fast klassischen Tagung« diskutiert wird, schließen eine themenorientierte Moderation in Form einer »Informationsbörse« an und beenden die Veranstaltung mit einer Spontanrunde, die die Gestalt eines »Diskussionsmarktes« hat.

Im Folgenden beschreiben wir die qualitativen und quantitativen Standards, die Sie berücksichtigen sollten, wenn Sie erfolgreich eine moderierte Großveranstaltung durchführen wollen.

Inhaltliche Vorbereitung

Die Intensität der inhaltlichen, themenbezogenen Vorbereitung ist sehr abhängig von den Zielen der Veranstaltung und der dann gewählten Tagungsform (Informationsbörse oder Diskussionsmarkt).

1. Themenfindung

In jedem Fall ist es sinnvoll, die späteren Teilnehmer an der Themenfindung zu beteiligen, entweder durch schriftliche Sammlung von Themenvorschlägen (Fragebogen mit offenen Fragen) oder durch eine moderierte Themenfindungsklausur. Mit dem Fragebogen lassen sich alle Teilnehmer berücksichtigen, bei der Klausur kann auch mit einer repräsentativ zusammengesetzten Teilnehmergruppe gearbeitet werden.

2. Themenbearbeitung

Wenn die Themenbereiche feststehen, müssen für alle Themen folgende Fragen geklärt werden:

- Welche Probleme/Schwierigkeiten/Konflikte sind mit dem Thema verknüpft?
- Mit welchen formalen Zielen soll das Thema in den Standrunden bearbeitet werden (zum Beispiel: Problemorientierung schaffen, Lösungsansätze erarbeiten etc.)?
- Welche Informationen brauchen die Teilnehmer, um das entsprechende Thema bearbeiten zu können?
- Welche Informationen können mit den Teilnehmern zusammen erarbeitet werden?
- Welche Fragen lassen sich aus diesem Thema ableiten?

Für die Klärung dieser Fragen hat sich als effizienteste Bearbeitungsform die moderierte Themenklausur herausgestellt.

Die weitere inhaltliche Themenbearbeitung kann danach in themenbezogenen Projektgruppen erfolgen. Nach Möglichkeit sollten in dieser Phase die Moderatoren (vorhandene, noch auszubildende oder externe Moderatoren) einbezogen werden. Nach der inhaltlichen

Klärung erfolgt dann die Festlegung der Moderationsabläufe (Drehbuch).

Visualisierung

Für die hier beschriebenen Tagungsformen hat die visuelle Aufbereitung von Informationen eine besondere Bedeutung, bei der Präsentation von vorbereiteten Informationen genauso wie beim Festhalten des Diskussionsverlaufs und der Diskussionsergebnisse.

Bei der Visualisierung von vorbereiteten Informationen gelten die Regeln, wie sie weiter vorn beschrieben sind. Darüber hinaus besteht bei Info-Börsen die Möglichkeit, über die handgeschriebenen Plakate hinaus andere Medien wie Folien und Flipcharts einzusetzen. Die Informationen, die für den Diskussionsprozess benötigt werden, sollten auf jeden Fall für alle sichtbar hängen bleiben können (auf Plakaten oder Flipcharts). Es empfiehlt sich, die Informationen so aufzubereiten, dass Reaktionen wie Anregungen zur Diskussion und zu weiteren Handlungen bei den Teilnehmern ausgelöst werden. Das heißt, Informationen, die bei den Gruppenmitgliedern nur zu »Na-und«-Aussagen führen, befriedigen vielleicht den, der sie vermittelt, verbessern aber nicht die Diskussionsgrundlage.

s. S. 92
Visualisierung

Es hat sich aus unserer Erfahrung nicht bewährt, schriftliches Material während der Standrunden zu verteilen. Informationen, die alle betreffen, sollten für alle sichtbar visualisiert eingebracht werden.

Ausbildung der Moderatoren

Alle bei einem Markt als Moderatoren agierenden Personen (an den Ständen und im Plenum) müssen so weit für Moderation ausgebildet sein, dass sie die Technik im Griff haben und auf der Beziehungsebene mit einer Gruppe umgehen können. Auch die Kooperation zwischen den Moderatoren sollte vorher schon einmal geprobt worden sein.

Für die Anforderungen einer Standmoderation muss der Moderator ein Moderatorentraining und ein bis zwei Testläufe seines Standes erlebt haben (unter der Voraussetzung, dass der zeitliche Abstand zwischen Training, Teststand und Markt nicht zu groß ist).

Ein Modell, das sich sehr bewährt hat, ist die Kooperation eines externen und eines internen Moderators pro Stand.

Gruppengröße und Moderatorenzahl

Die richtige Gruppengröße ist für eine produktive Moderation in relativ kurzer Zeit (1,5 bis 3 Stunden) eine unverzichtbare Bedingung.

Zwei Moderatoren können mit einer Gruppe von maximal 20 Personen eine sinnvolle Diskussion moderieren. Bei mehr als 20 Personen ist nicht gewährleistet, dass wirklich alle an der Diskussion teilnehmen. Eine Grenze nach unten liegt etwa bei sieben bis acht Personen, darunter wird Moderation unökonomisch (zum Beispiel die Bearbeitung der Themen in Kleingruppen).

s. S. 89
Regel 11
Verhalten des Moderators

Zwei Moderatoren sind sowohl aus technisch-organisatorischen als auch aus gruppendynamischen Gründen unverzichtbar.

Flächenbedarf

Der Flächenbedarf für einen Markt setzt sich folgendermaßen zusammen:

Marktstand

Sitzfläche für Teilnehmer (bis 15 Personen im Halbkreis in einer Reihe, bis 20 Personen in zwei Reihen), Stellfläche für die Moderationstafeln, Abstandsfläche zwischen Teilnehmern und Tafeln, Materialtische: 65 qm.

Abstandsfläche als akustische Abschirmung und Verkehrsfläche (notwendig, wenn mehrere Stände in einem Raum): 45 qm.

Gesamter Flächenbedarf für einen Marktstand: 110 qm.

Gesamtmarkt

Flächenbedarf je Stand: 110 qm

Flächenbedarf für Plenum
■ Sitzfläche   1,2 qm/Person
■ Präsentationsfläche   50 qm

Getränkeversorgung   10qm/Stand

Sekretariat/Tagungsbüro   20 qm

Materiallager   10 qm

Hinzu kommen Sitzecken und dergleichen für informelle Kontakte.

Die beste Marktatmosphäre entsteht, wenn alle Marktstände einschließlich Plenum auf einer großen Fläche untergebracht werden können. Folgender schematischer Grundriss hat sich als vorteilhaft erwiesen:

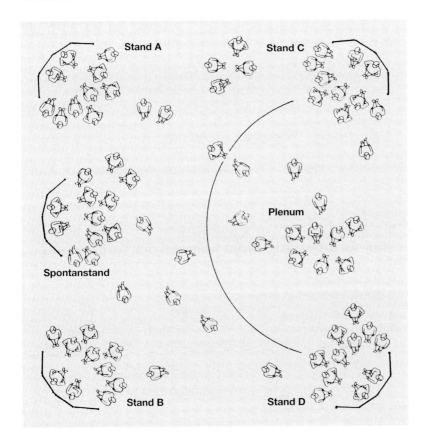

Erfahrungsgemäß wird in den ersten zehn Minuten eine gegenseitige akustische Störung der Stände wahrgenommen. Danach lässt jedoch das Interesse an der Arbeit die Geräuschkulisse in den Hintergrund rücken.

Materialcheckliste für moderierte Großveranstaltungen

s. S. 169 Materialcheckliste

Von Teilnehmerzahl und Dauer der Veranstaltung abhängig: Eine Übersicht des benötigten Moderationsmaterials finden sie weiter vorn.

Marktregie

Die Gesamtplanung und Durchführung eines Marktes ist Aufgabe einer Regiegruppe. Diese sollte aus nicht weniger als zwei und nicht mehr als vier Personen bestehen, die Kompetenz und Fähigkeiten für die geforderte Aufgabe vereinigen. Während der Vorbereitungsphase hat die Regiegruppe folgende Aufgaben:

1. alle notwendigen Vorbereitungsaktionen in Gang setzen
2. Koordination der Aktivitäten und der beteiligten Personen
3. Kontakt zu fördernden und hindernden »Hierarchen« halten und pflegen
4. Ergebnisse der Tätigkeiten überwachen.

Anhand der folgenden Checkliste kann die Regiegruppe ihre Arbeit planen.

Checkliste
für die Regietätigkeiten während der Vorbereitung

1. Abstimmung von Ziel und Absicht des Marktes mit allen Beteiligten (Entscheidern, Moderatoren, sonstigen Mitwirkenden)
2. Gesamtablauf und Zeitplan entwerfen
3. Auswahl und Ausbildung der Moderatoren in Gang setzen
4. Moderatoren während Standerstellung mit Gesamtablaufplan koordinieren (Testläufe)
5. bei Bedarf (z. B. Informationsbörse) Themenklausur, Themenbefragung mit Themenbearbeitung in Gang setzen und koordinieren
6. Auswahl, Vorinformation und Einladung der Teilnehmer planen
7. Auswahl eines geeigneten Raumes treffen, Gestalten des Raumes als Moderationsumgebung (Licht, Akustik, Bestuhlung, Ausschmückung etc.)
8. Bereitstellen des Moderationsmaterials (einschließlich Moderationstafeln) für Vorbereitung und Durchführung

9. Planung der Unterbringung und Verpflegung der Teilnehmer (Koordinierung mit Hotel)
10. Musikauswahl vornehmen (Leitthema, Pausenmusik)
11. Abendprogramm konzipieren und vorbereiten
12. Marktführer (Tagungsprogramm) entwerfen und versenden
13. Schlussveranstaltung gestalten
14. Protokollerstellung und Ergebnisauswertung planen
15. Tagungssekretariat planen, Personen auswählen und einstimmen
16. Sonstiges wie: Namensschilder, Wegweiser, Notfallorganisation vorsehen
17. Zeitplan und Finanzplan überwachen.

Checkliste
für Tätigkeiten während der Durchführung

Während der Durchführung hat die Regiegruppe bzw. ein Hauptbeauftragter der Regiegruppe (als »Libero«) folgende Aufgaben:

1. den Gesamtablauf (zeitlich und technisch) überwachen
2. nur im akuten Notfall als Moderator einspringen
3. nervöse Veranstalter beruhigen
4. die Moderatoren koordinieren (Information, Feedback, Änderungen zeitlicher und organisatorischer Art)
5. Gesamtatmosphäre beobachten (Feedback erfragen, tagungsbegleitende Transparenzfragen)
6. Plenumsphasen moderieren oder moderieren lassen
7. Anlaufstelle für Probleme, Konflikte und Notfälle sein.

Checkliste
für Regietätigkeit während der Durchführung

1. Ankunft und Begrüßung des Redners überwachen
2. methodische Kurzinformation geben
3. Verteilung auf die Stände in Gang setzen
4. Rückkoppelung mit Hotel bzw. Raumvermieter wegen Technik, Essen etc. sicherstellen
5. Kontakt mit Tagungssekretariat halten
6. Moderatorentreffen zwischen den Standrunden organisieren
7. in Notfällen eingreifen
8. Zeitplan überwachen
9. Informationszentrale sein
10. Plenumsmoderation vorbereiten und mit Moderatoren abstimmen

11. Plenumsmoderation übernehmen oder delegieren
12. Stimmung der Teilnehmer beobachten und bewusst machen: Tafeln für tagungsbegleitende Transparenzfragen aufstellen, auf sie hinweisen und auswerten
13. Technik koordinieren (Musik, Durchsagen)
14. Arbeitsergebnisse für das Protokoll sichern
15. bei Bedarf Betreuung des Spontanstandes übernehmen.

Marktführer

Der Marktführer ist die Information über Tagungsprogramm und Tagungsorganisation. Er soll alles enthalten, was die Teilnehmer zu ihrer Einstimmung vorher und zu ihrer Orientierung während der Tagung wissen sollten:

1. Absicht und Ziel des Marktes (Folgeaktivitäten)
2. Tagungsort, Lageplan der Stände
3. Tagungszeiten, -ablauf
4. Kurzinformationen über Tagungsmethode und Moderatoren
5. Rahmenorganisation (Hotel, Essen, Abendgestaltung, An- und Abreise)
6. bei Informationsbörsen das Themenangebot
7. Notfallorganisation (Telefon, Arzt etc.).

Der Marktführer soll im Aufbau und Layout der bei der Tagung angewandten Methode der Moderation entsprechen. Er sollte den Teilnehmern rechtzeitig zugesandt werden und ein handliches Taschenformat haben.

Musik

Musik während eines Marktes kann folgende Aufgaben haben:
1. Standbeginn und Standende ankündigen
2. Pausenatmosphäre schaffen
3. Rahmenprogramm gestalten.

Zu 1.
Mit einem einfachen, eingängigen musikalischen Thema wird das Signal gegeben, sich an den Ständen einzufinden und sich wieder auf die Arbeit zu konzentrieren. Eine zwei- bis dreimalige Wiederholung des Themas, verbunden mit einer verbalen Durchsage, erhöht den Effekt und schafft schon beim zweiten Mal die Assoziation »Jetzt geht's los«.

Das Motiv oder Leitthema kann auch das Standende signalisieren. Fünf Minuten vor Standende wird es leise eingespielt und kündigt damit an: »In fünf Minuten ist Schluss«. Das erleichtert es der Gruppe und den Moderatoren, sich auf das Ende einzustellen. Dann wird es noch zweimal wiederholt, um das Ende zu markieren und es auch den eifrigsten Diskutanten zu ermöglichen, den Übergang zur Pause zu finden.

Zu 2.
Während der Pausen unterstützt eine leise, nicht allzu hektische Musik die Atmosphäre, in der informelle Kontaktaufnahme, Umherschlendern, Sich-mit-Getränken-Versorgen und Erholen geschehen können.

Zu 3.
Das Rahmenprogramm, etwa am Abend oder am Ende eines Markttages, kann durch ein gezieltes Musikangebot gestaltet werden. Eine Band, die »ankommt« – was ankommt, hängt von der Zielgruppe ab –, oder ein musikalisches Kabarettprogramm, das sich vielleicht sogar in humorvoller Weise auf den Tag bezieht, kann die Stimmung nach gemeinsam geleisteter Arbeit und damit auch die gemeinsam verdiente Entspannung verstärken. Dabei können auch angestaute Energien befreit werden, so dass sie nicht den nächsten Tag belasten.

Essen und Trinken

Für Essen und Trinken können wir bestimmte allgemeine Empfehlungen geben, die wir aus der Erfahrung gelernt haben.

Die üblichen Pausengetränke (Kaffee, Tee, Säfte) sollten leicht und dezentral erreichbar sein. Also keine langen Wege, keine zentrale Ausgabe für 120 Personen, die mit stressendem Anstellen verbunden ist oder womöglich mit komplizierten Abrechnungsverfahren.

Das Mittagessen, das meist zwischen zwei Standabläufen eingenommen wird, sollte leicht sein – eher wie ein »Imbiss« –, sollte

Kommunikation ermöglichen, nicht zu lange dauern, also noch Zeit lassen für eine wirkliche Entspannungpause (Spaziergang etc.).

Das Abendessen kann reichlicher sein und länger dauern, da nun das Bedürfnis nach Gespräch und Austausch sehr groß ist.

Bei beiden Mahlzeiten hat sich das Büfett mehr bewährt als das meist sehr zeitraubende und umständliche Servieren der Speisen. Ferner sind 4er- bis 6er-Tische (vor allem rund) langen, schmalen Tafeln vorzuziehen.

Erholung und Entspannung

Rekreation von Geist und Körper ist genauso wichtig wie Arbeit. Nur wenn zielgerichtete Diskussion mit ausreichend informeller Kommunikation vorhanden ist, wird sie wirksam. Rekreation ist der »Verdauungsprozess« für Geist und Seele. So wie der Körper nicht aufnahmefähig für Neues ist, wenn Altes nicht verdaut ist – so wie Nahrung erst in Energie umgesetzt werden muss, damit sie Sinn hat –, so muss auch der Geist Aufgenommenes verdauen und umsetzen, bevor er sich wieder Neuem zuwenden kann.

So wie es keinen Sinn hat, sich vollzustopfen, nur weil's gerade was zu essen gibt, ist es auch sinnlos, sich geistig und emotional vollzustopfen, nur um die Zeit zu nutzen. Effektivsein heißt keineswegs, sich mit Arbeit zu »überfressen«.

Erholung und Entspannung während des Marktes dienen dazu,
- durch wechselnde Tätigkeit,
- durch Wechsel der Umgebung,
- durch Wechsel zwischen Ruhe und Aktivität

die geistige »Verdauung« zu ermöglichen und zu fördern.

Dafür ist es hilfreich,
- die räumliche Umgebung so angenehm wie möglich zu gestalten;
- für einen ausgewogenen Rhythmus zwischen Arbeit und Freizeit während des Marktes zu sorgen;
- durch ein Entspannungsangebot alternative Tätigkeiten zu stimulieren;
- Essen und Trinken erholsam zu gestalten;
- durch räumliche und zeitliche Umstände das informelle Gespräch zu fördern;

- Zeit für individuelle Erholung zu lassen;
- durch gemeinsame Reaktion das Gruppenarbeitsergebnis zu fördern und zu intensivieren. (Dafür eignet sich besonders die Abendveranstaltung, die auf Interessen und Vorlieben der Teilnehmer eingehen und eine gemeinsame Verarbeitung der Tageserlebnisse ermöglichen sollte.)

Tagungsbegleitende Transparenzfragen

Tagungsbegleitende Transparenzfragen haben den Sinn,
- Unzufriedenheit und Zufriedenheit während der Arbeit abzufragen,
- Feedback für Arbeitsweise und Arbeitsinhalt zu bekommen, um die Moderation an den Bedürfnissen der Teilnehmer zu orientieren.

s. S. 132
Transparenzfragen

Solche Fragen können zum Beispiel sein:

Pinnwände mit diesen Fragen werden an nicht zu unbequemen Orten aufgestellt. Karten und Filzstifte sollten daneben greifbar sein. Durch Hinweise im Anfangs- und Zwischenplenum und per Durchsage sollten die Teilnehmer angeregt und aufgefordert werden, sich dieses Hilfsmittels zu bedienen.

Es ist wichtig, die Antworten, die gegeben werden, zur Kenntnis zu nehmen und gegebenenfalls auf sie zu reagieren. Wenn die Antworten ignoriert werden, reagieren die Teilnehmer darauf sehr schnell enttäuscht und ignorieren dann ihrerseits die Tafeln.

▩ Eine weitere wichtige Aufgabe ist die gemeinsame Schlussabfrage. Sie gibt noch einmal dem Teilnehmer Gelegenheit, sich über seine Einschätzung der Tagung bzw. des Tages bewusst zu werden und seine Meinung auszudrücken. Für die Moderatoren kann das Resultat ein wertvoller Hinweis für die Folgearbeit sein (wie viel Energie ist vorhanden, welche Chancen und Widerstände empfinden die Teilnehmer? usw.).

Folgende Fragen sind geeignet:

Auch diese Fragen sollten so sichtbar und zentral aufgestellt werden, dass jeder Teilnehmer an ihnen vorbei muss. Außerdem sollten die Tafeln im Schlussplenum vorgestellt und die Teilnehmer um die Beantwortung der Fragen gebeten werden.

Spontanstand

Sinn und Aufgabe

Besonders bei Informationsbörsen, deren thematischer Rahmen vorher festgelegt ist, entsteht unter den Teilnehmern häufig das Bedürfnis, auch aktuelle Themen diskutieren zu können. Solche Fragen können sein:

- wichtige Themen, die von den Veranstaltern – bewusst oder unbewusst – ausgeklammert wurden
- Themen, die in allerjüngster Zeit starke Bedeutung gewonnen haben
- Themen, die sich aus den in den Ständen diskutierten Diskussionszusammenhängen neu entwickelt haben.

Für diese Fragen muss eine Diskussionsmöglichkeit in einem Spontanstand geschaffen werden. Zum einen besteht dadurch die Möglichkeit, auch in sehr stark vorstrukturierten Veranstaltungen Raum für Spontaneität zu geben. Zum anderen können die Themenstände »entlastet« werden von aktuellen Problemen, die nicht zur Sache gehören. Schließlich sind diese Themen, die für den Spontanstand gefunden werden, wichtige Hinweise auf Probleme, die die Teilnehmer tatsächlich bewegen.

Auch bei Diskussionsmärkten, die sich ja durch ein sehr viel höheres Maß an Spontaneität auszeichnen, können Spontanstände sinnvoll sein. Sie erlauben es Minderheiten, die ihre Interessen bei der Themenauswahl nicht durchsetzen konnten, dennoch ihre Probleme zu diskutieren.

Ablauf

a) Themenfindung

Themen eines Spontanstandes können folgendermaßen gefunden werden:
- Randthemen aus anderen Ständen, die dort nicht (ausreichend) diskutiert werden konnten
- Anmeldungen von einzelnen Teilnehmern
- Themensammlungen mit Hilfe einer Stichwortfrage
- Ergebnisse einer tagungsbegleitenden Transparenzfrage.

b) Ablauf eines Spontanstandes

Ein Spontanstand wird entweder zu einem »heißen« Thema ausgerufen (über Lautsprecher oder durch visualisierte Ankündigung auf der Außenseite eines Spontanstandes) und/oder durch eine Stichwortfrage mit den Teilnehmern, die sich im Spontanstand versammelt haben, eröffnet. Der Moderationsablauf ist der gleiche, wie wir ihn als Standablauf für einen Diskussionsmarkt vorschlagen.

s. S. 179 Diskussionsmarkt

c) Moderatoren eines Spontanstandes

Die Moderatoren können aus der Regiegruppe kommen (z. B. der »Libero«). Bei firmeninternen Veranstaltungen hat es sich als vorteilhaft erwiesen, für diesen Zweck externe Moderatoren einzusetzen, da spontane Themen häufig Konfliktthemen in einem Unternehmen sind, in die sich die internen Moderatoren leicht verhaken können.

d) Nachbereitung

In das Protokoll wird der Spontanstand genauso aufgenommen wie die Themenstände. In gleicher Weise muss auch geprüft werden, wie eine weitere Bearbeitung dieser Probleme und Lösungsansätze erfolgen kann. Selbstverständlich gehört der Spontanstand ebenfalls in die Abschlusspräsentation im Plenum.

Plenumsveranstaltungen

Bei moderierten Großveranstaltungen ist meist auch ein wichtiges Ziel, den Teilnehmern das Zugehörigkeitsgefühl zu einer Gruppe zu vermitteln (Wir-Gefühl, Corpsgeist). Dazu ist es notwendig, der gesamten Gruppe (Plenum) ein Forum zu bieten.

Zu Beginn sollte allen Teilnehmern eine Information über die Ziele und den Ablauf zur Einstimmung auf die Veranstaltung gegeben werden. Für den Start ist es wichtig, die Teilnehmer nicht durch zu lange Plenumsphasen in eine bloße Konsumhaltung zu versetzen, die in den Diskussionsständen dann nur schwer wieder abgebaut werden kann.

Zwischen einzelnen Standrunden lassen sich – je nach Dauer der Gesamtveranstaltung – ebenfalls kurze Zwischenberichte im Plenum vorsehen. Sie können dazu beitragen, dass in darauf folgenden Runden über die jeweiligen Themen auf die Ergebnisse der vorhergehenden Runden aufgebaut werden kann.

Zum Abschluss sollte in jedem Fall das Gesamtplenum noch einmal zusammenkommen, um entweder Folgeaktivitäten vorzustellen oder Erfahrungen über den Ablauf der Tagung auszutauschen.

Protokoll

Wenn die Veranstaltung nicht nur der Unterhaltung der Teilnehmer oder als Alibi für die Veranstalter dienen soll, müssen die Diskussionsergebnisse dokumentiert werden. Dazu bietet sich das Simultanprotokoll an.

s. S. 155 Simultanprotokoll als Abschlussprotokoll

Das Protokoll sollte von den Moderatoren der einzelnen Stände mit der Regiegruppe zusammengestellt werden. Es hat sich bewährt, dass die jeweiligen Moderatoren eine kurze Zusammenfassung auf ein bis zwei DIN-A4-Seiten den Fotokopien ihrer Standplakate vorschalten. Darin kann der Standablauf sowie eine Kurzdarstellung der wichtigsten Ergebnisse und der Folgeaktivitäten aufgenommen werden. Für die Bearbeitung und Koordination der Folgeaktivitäten kann die Bildung einer Projektgruppe sinnvoll und notwendig sein.

Das Protokoll sollte den Teilnehmern so schnell wie möglich nach Ende der Veranstaltung zur Verfügung stehen.

Planung einer Tagung

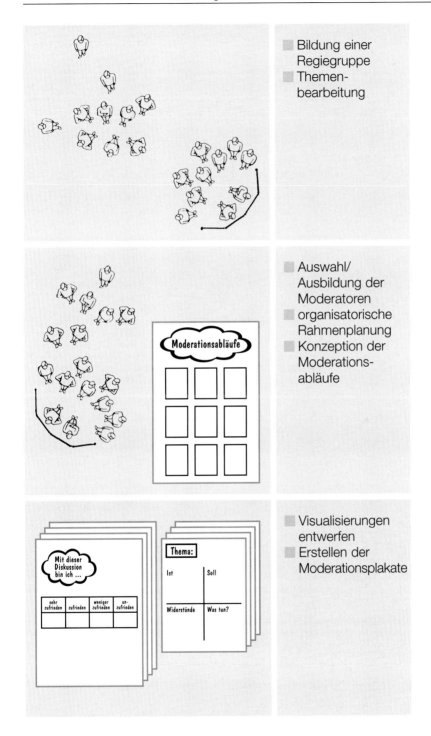

- Bildung einer Regiegruppe
- Themenbearbeitung

- Auswahl/Ausbildung der Moderatoren
- organisatorische Rahmenplanung
- Konzeption der Moderationsabläufe

- Visualisierungen entwerfen
- Erstellen der Moderationsplakate

Planung — Anwendungsfelder/Standards für Großveranstaltungen

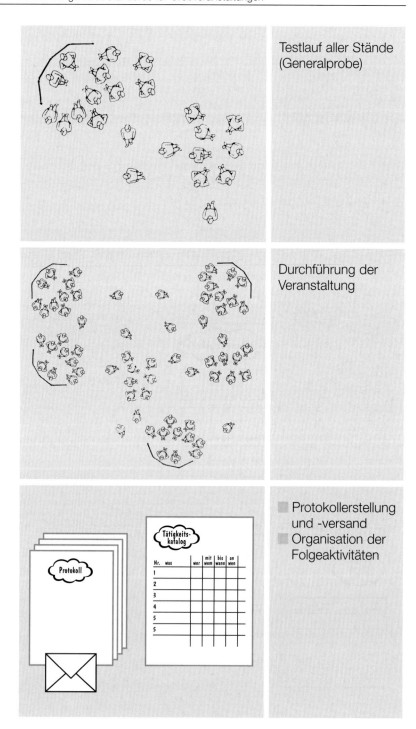

- Testlauf aller Stände (Generalprobe)
- Durchführung der Veranstaltung
- Protokollerstellung und -versand
- Organisation der Folgeaktivitäten

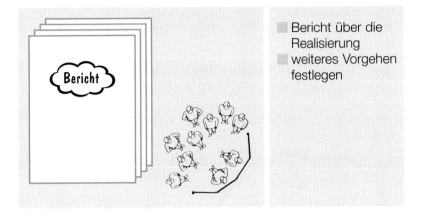

Konferenzmoderation

Ein weiteres Anwendungsfeld der ModerationsMethode sind Konferenzen und Besprechungen.

In allen Situationen, in denen die Konferenzteilnehmer ihr Fachwissen tatsächlich zur gemeinsamen Problemlösung einbringen sollen und nicht nur zum Nachvollziehen der Meinung des einladenden Diskussionsleiters gebraucht werden, eignen sich einzelne Elemente der ModerationsMethode.

Je nach Themen und Dauer der Konferenz können unterschiedliche Methoden eingesetzt werden. Für alle Konferenzen eignen sich auf jeden Fall die Visualisierung des Diskussionsverlaufs und die Frage- und Antwortmethode als Hilfe zur Konferenzleitung.

**s. S. 117
Situationsbezogener Einsatz von Moderations-Methoden**

Der Konferenzleiter hat die Themen und Probleme, die aus seiner Sicht besprochen werden sollten, auf Karten stichwortartig vorbereitet. Er stellt sie vor und fragt die Teilnehmer nach weiteren Themen, die in der Konferenz besprochen werden sollten.

Danach legt er mit der Gruppe die Reihenfolge fest, indem er die Karten entsprechend untereinander in die Themenspalte hängt. Anschließend werden für jedes Thema die »Wer«-Spalte und die »Zeit«-Spalte ausgefüllt.

In der »Wer«-Spalte sollte ein Teilnehmer stehen, der – nach Möglichkeit mit einer Visualisierung – kurz in das Thema einführt.

Durchführung

Der Konferenzleiter sollte zu Beginn die Tagesordnung mit den Teilnehmern zusammen konkretisieren.

In der »Zeit«-Spalte sollte die Zeit notiert werden, die für das jeweilige Thema in der Konferenz voraussichtlich gebraucht wird. Wenn die Summe aller Zeiten über die Gesamtzeit hinausgeht, müssen entweder einzelne Zeiten gekürzt oder Themen herausgenommen werden.

In der »Bemerkungen«-Spalte können die Diskussionsergebnisse, weitere Bearbeitungsschritte oder Entscheidungen festgehalten werden.

Der Vorteil dieser Vorgehensweise besteht darin, dass der Konferenzablauf von allen mitentschieden wird, der Ablauf transparent ist und von allen auf die Zeiteinhaltung geachtet werden kann.

In den einzelnen Themendiskussionen lassen sich – je nach Situation – verschiedene Frage- und Antwortmethoden einsetzen.

**s. S. 100
Frage- und
Antworttechniken**

Einsatz der Moderation in Lernveranstaltungen

Lernveranstaltungen – also Seminare, Trainings, Schulungen usw. – sind neben dem Einsatz bei Problemlösungs-Prozessen heute das wichtigste Anwendungsfeld der Moderation. Einige didaktische Probleme, die alle Seminarleiter und Trainer lösen müssen, sind:

- Wie beteilige ich die Teilnehmer aktiv am Lerngeschehen?
- Wie kann ich die Lerninhalte den konkreten Lernbedürfnissen der Teilnehmer angleichen?
- Wie sichere ich, dass das Erlernte in die Praxis umgesetzt werden kann?
- Wie nutze ich das vorhandene Wissen und die Erfahrungen einzelner Teilnehmer für den Lernprozess?
- Wie stelle ich ein gutes Lernklima her?
- Wie konzentriere ich die Teilnehmer auf den Lernstoff?

Als gruppenzentrierte Methode ist die Moderation besonders geeignet, Teilnehmer aktiv am Geschehen zu beteiligen. Der Vorteil gegenüber anderen Aktivierungstechniken liegt darin, dass die Moderation von den inhaltlichen Erwartungen und den Lernbedürfnissen der Teilnehmer ausgeht. Die Teilnehmer werden also nicht mit »Tricks« bei der Stange gehalten, sondern können ihr Interesse an den Lernzielen und Lerninhalten unmittelbar einbringen.

Die Methoden der Erwartungsfrage und der Problemsammlung und -strukturierung erlauben es dem Seminarleiter, seine Inhalte und Ziele auf die aktuellen Bedürfnisse der Teilnehmer abzustimmen. Dadurch wird nicht nur eine höhere Lernmotivation erreicht, auch der Lernerfolg erhöht sich durch die engere Beziehung von Lerninhalt und dem Erfahrungshintergrund der Teilnehmer.

Besonders Teilnehmer, die nur selten Seminare besuchen, haben die Schwierigkeit, sich über längere Zeit zu konzentrieren. Mehrkanalige Informationsweitergabe durch Visualisierung von den Teilnehmern und dem Seminarleiter sowie der ständige Wechsel verschiedener Arbeitsformen – Plenum, Kleingruppenarbeit, Spiele, Transparenzfragen – verhindern die Ermüdung der Teilnehmer.

Besonderen Wert legen wir darauf, dass auch Lernveranstaltungen immer mit Überlegungen zum Transfer der Ergebnisse in die Praxis enden. In vielen Seminaren eignet sich dazu der Tätigkeitskatalog. Er stellt das Bindeglied zwischen dem Seminar und der Praxis her. In mehr verhaltensorientierten Seminaren setzen wir den Verhaltenskatalog zum Abschluss ein, der es jedem Teilnehmer ermöglicht, sich sein individuelles Transferprogramm zu erstellen. Viele Probleme der Erfolgskontrolle, die in der Bildungsdiskussion eine große Rolle spielen, reduzieren sich damit, da der Betroffene selbst seinen Lernerfolg ohne Weiteres abschätzen kann.

Viele dozentenorientierte Seminare gehen davon aus, dass – um es salopp auszudrücken – alle Teilnehmer dumm sind und nur der Dozent klug ist. Dass die Teilnehmer auch voneinander lernen können, kommt den wenigsten Dozenten in den Sinn. Durch einen Erfahrungsaustausch in Kleingruppen, durch die Aufbereitung von Lerninhalten von Teilnehmern für Teilnehmer wird das Seminar nicht nur methodisch aufgelockert, sondern die Teilnehmer selbst finden meist eine einfachere Sprache und praxisbezogenere Beispiele als ein Dozent.

Und nicht zuletzt ist die Erfahrung, die ein Teilnehmer einbringt, häufig überzeugender als ein rhetorisch brillanter Vortrag eines Dozenten.

Insbesondere mit Hilfe der Transparenzfragen und mit Kommunikationsübungen wird das Lernklima offengelegt und beeinflusst. Dies ist ein Aspekt, der besonders in wissensorientierten Seminaren meist unterbewertet wird. Tatsächlich ist aber ein gutes Lernklima für jeden Lernprozess eine entscheidende Voraussetzung. In dem Maße, in dem Teilnehmer die Instrumente zur Beeinflussung des Lernklimas selbst in die Hand bekommen, können sie Verantwortung für ihren Lernprozess übernehmen.

Damit ist aber eine der wesentlichen Voraussetzungen für den individuellen Lernerfolg gegeben.

Ein entscheidender Unterschied zwischen einem Moderator und einem Seminarleiter oder Trainer muss allerdings beachtet werden. Während der Moderator inhaltlich neutral bleibt und die Informationseingabe den Teilnehmern überlässt, ist der Trainer Experte auf seinem Fachgebiet, muss also beurteilen, was richtig und was falsch ist. Innerhalb moderierter Lernveranstaltungen wechselt ein Trainer ständig diese Rollen. Er muss sehr genau darauf achten, dass er immer dann, wenn er mit Hilfe der ModerationsMethode die Aktivität an die Teilnehmer übergibt, in die Rolle des neutralen, nicht bewertenden Moderators schlüpft. Viele Missverständnisse der Moderation als einer Manipulationstechnik kommen daher, dass Moderatoren diese beiden Rollen nicht sauber trennen.

Lernveranstaltungen   Anwendungsfelder

Ablauf einer Lernveranstaltung

Anwärmen	Problem-orientierung	Inhalte vermitteln	Inhalte verarbeiten	Handlungs-orientierung
gemeinsames Essen	Karten-Frage	Vortrag Referat	Lehr-gespräch	Arbeitsregeln erarbeiten
Stimmungs-frage	Zuruf-Frage	Lehr-gespräch	Plenums-diskussion	Tätigkeits-katalog
Erwartungs-frage	Themen-sammlung	Bücher, Arbeitsblätter	Tests	Transfer-strategien
Draw-in	Klein-grupppen	Einzelarbeit	Einzel-aufgaben lösen lassen	Feedback-Fragen
Graffiti	Zweier-gruppen	Fallstudien	Kleingruppen	Bildung von Projekt-gruppen
Ankomm-Meditation	Rollenspiele	Programm-unterweisung	Fallstudien	
Small Talk	Filme	Tests	Planspiele	
Kennenlern-Spiele		Dias	Rollenspiele mit/ohne Video	
Gruppen-spiegel		Tonbildschau		
Steckbrief		Video/Film		
Interview		Plakat		
Mein Platz in der Landschaft				

ModerationsMethode © Windmühle Verlag, Hamburg

Ablauf einer Lernveranstaltung

Inhalt	Technik	Plakat/ Folie	Zeit	Wer?
Anwärmen				
»Wie sind Ihre Erwartungen?« oder	Karten-Frage	Plakat	10 min	
»Spaß/Erfolg«	Ein-Punkt-Frage			
Problem-orientierung				
Problemsammlung	Flipchart oder Plakat oder Folie	ja	5 min	
Inhalte vermitteln				
Referat mit visualisierten Themen	Lehrgespräch mit Folien	Folien	15 min	
Welche Frage-stellungen sind daraus abzuleiten?	Zuruf-Frage	Plakat	5 min	
Bewertung der »wichtigsten« Fragen	Mehr-Punkt-Bewertung	Plakat	5 min	
Inhalte verarbeiten				
Bearbeitung der »wichtigsten« Themen/Fragen in Kleingruppen	Kleingruppen: zum Beispiel Problem-beschreibung Lösungsansätze	bei Bedarf		
Präsentation der Kleingruppen-ergebnisse	weiterführende Fragen Widerstände			
Handlungs-orientierung				
Transfer-(Umsetzungs-)Hilfen	Einzelarbeit	Plakat		
Tätigkeitskatalog Gruppenstimmung				

Grenzen der Moderation

Wir werden immer wieder nach den Grenzen der Moderation gefragt. Deshalb wollen wir anhand von vier Situationen versuchen, ein Hilfsmittel für das Erkennen der Grenzen an die Hand zu geben. Zu bemerken ist, dass es keine ein für allemal festliegenden Grenzen gibt, sondern nur Erfahrungen, wo Moderation bisher nicht anwendbar war oder wo sie zu aufwendig ist. Es mag die Aufgabe jedes Einzelnen sein, für sich die Grenzen so weit wie möglich oder so eng wie notwendig zu setzen.

Es gibt mehr oder weniger für die Moderation geeignete Situationen, die sich mit Hilfe des folgenden Schemas verdeutlichen lassen:

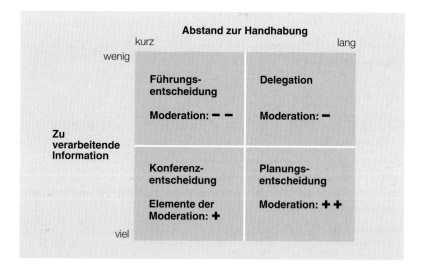

1. Führungsentscheidung

Sie muss schnell erfolgen, weil es »brennt«. Dazu ist die organisierte Hierarchie das beste Hilfsmittel, und es soll derjenige entscheiden, der die Verantwortung zu tragen hat. Das Motto dafür lautet: »S.P.F.« (schnell, präzise und falsch). Für Moderation ist keine Zeit.

2. Delegation

Wenig zu verarbeitende Information und ein langer Abstand zur Handlung heißt, dass die Kriterien für die jeweilige Entscheidung, der Spielraum festgelegt werden kann, weil es relativ einfache Muster der Lösung gibt (alle Bestimmungen, Verordnungen etc.), und dann kann die jeweilige Durchführung delegiert werden. Moderation bringt wenig, weil das Problem nicht komplex ist und nicht drängt.

3. Konferenzentscheidung

Ein kurzer Abstand zur Handlung, aber ein sehr schwieriges Problem legen die Anwendung der Moderation als Konferenztechnik nahe. Viele Menschen sollen ihr Wissen einbringen, es soll schnell Übersicht über die Entscheidungsmöglichkeiten und ihre Auswirkung hergestellt werden, die Verantwortung sollte eine Gruppe von Menschen übernehmen können.

4. Planungsentscheidung

Das ist das eigentliche Feld der moderierten Problemlösung. Zeit ist vorhanden, viel Information muss verarbeitet werden, um eine nach allen Richtungen hin tragfähige Konzeption zu entwickeln.

Das Problem

Die Frage, ob sich ein Problem zu moderieren lohnt, kann man durch die Einordnung in das Koordinatenfeld testen.

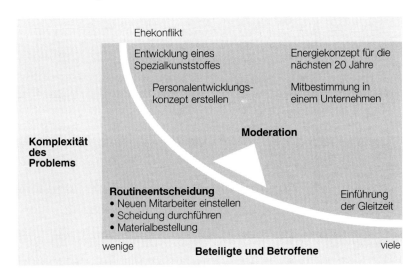

Die Voraussetzung für Moderation ist eine bestimmte Komplexität des Problems, das heißt: die Überschaubarkeit der Einflussfaktoren, die Menge der Schwierigkeiten und der zu überwindenden Widerstände, die Vielzahl der möglichen Lösungen, der Bedarf an kreativen Ideen.

Kombinieren muss man diese Komplexität mit der Anzahl der an der Entscheidung mitwirkenden Beteiligten und der von der Entscheidung Betroffenen, da Moderation ja auch die geeignete Methode ist, viele Menschen in das Gespräch mit einzubeziehen.

Ist die Komplexität des Problems hoch, dann ist die Moderation auch sinnvoll, wenn nur wenige Menschen beteiligt sind. Ist die Komplexität niedrig, aber sehr viele Menschen müssen einbezogen werden, so ist Moderation aus diesem Grund sinnvoll. Wenn hingegen die Komplexität zu gering ist und nur wenige Menschen betroffen sind, gibt es weniger zeitaufwendige und einfachere Methoden, das Problem zu lösen. Dieses Schema ist also Hilfsmittel, um herauszukommen, ob sich Moderation lohnt.

Die Gruppe

Um zu erkennen, ob eine Gruppe moderierbar ist, kann man sie nach folgender Aggressionsskala einordnen:

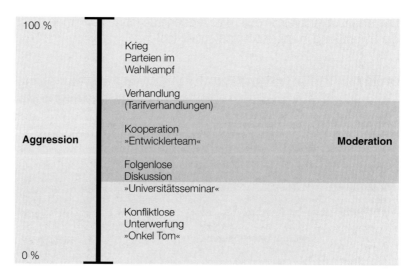

1. Krieg
Wenn Menschen mit verbalen oder wirklichen Waffen gegeneinander kämpfen und die Problemlösung nur Sieg oder Niederlage heißen kann, ist Moderation als Akt der Gemeinsamkeit nicht möglich.

2. Verhandlung
Wenn zwei Parteien sich zwar nicht mehr totschlagen, aber doch um Positionen miteinander kämpfen, geht es ebenfalls um Gewinn oder

Verlust, allenfalls um ein Patt. In dieser Phase kann Offenheit nur schaden, und eine gute Taktik ist der einzige Trumpf; verschleiern, pokern, den Gegner austricksen ist der Moderation geradezu entgegengesetzt.

3. Kooperation
Das ist das Feld der Moderation. Die Menschen können sich zwar uneins sein, haben aber erkannt, dass sie grundsätzlich ein gemeinsames Interesse an der Problemlösung haben. Dann ist Moderation die geeignete Methode, um die Menschen in ein Gespräch miteinander zu bringen.

4. Folgenlose Diskussion
Folgenlose Diskussion ist ein Zustand, in dem die Menschen keinen gemeinsamen Handlungsimpuls haben. Sie erörtern Themen und Probleme theoretisch, ohne an eine praktische Konsequenz zu denken.

5. Konfliktlose Unterwerfung
Konfliktlose Unterwerfung ist der Zustand, in dem Menschen überhaupt keinen eigenen Handlungsspielraum haben, weil sie in einem totalen Abhängigkeitsverhältnis leben.

Grundsätzlich ist der Aggressionspegel identisch mit der vorhandenen Handlungsenergie. Wenn zu viel »Dampf« da ist, explodiert die Energie (Krieg), wenn zu wenig da ist, fehlt die Kraft zur Handlung. Insofern ist diese Skala ein Hilfsmittel, um zu untersuchen, wie viel Energie bei den Menschen vorhanden ist und ob eher Dampf abgelassen werden muss, um sprechen zu können, oder erst Energie aufgeladen werden muss, bevor gemeinsames Handeln möglich ist.

Es ist möglich, sowohl aus dem Feld der Verhandlung in das Feld der Kooperation zu gelangen (»Dampf ablassen«) als auch von dem Feld der folgenlosen Diskussion, wenn durch Impulse von außen Energie aufgeladen werden kann (zum Beispiel ein gemeinsamer Feind, eine sich verschärfende Drucksituation).

Moderation in OE-Prozessen

Bisher haben wir die Moderation einer einzelnen Klausur beschrieben. Heute ist es jedoch gang und gäbe, dass Moderationen in ein Konzept der Organisationsentwicklung eingebunden werden; Moderation ist damit kein einmaliger Akt mehr, sondern Probleme werden in einer Serie von Veranstaltungen moderiert. Mit der Moderation werden Prozesse initiiert.

Die ModerationsMethode bietet sich für solche Prozesse an, weil
- bei der ModerationsMethode sowohl die Sachebene als auch die Beziehungsebene angesprochen wird;
- die ModcrationsMethode handlungsorientiert ist und es dadurch erleichtert, konkrete Veränderungsprozesse in Gang zu setzen;
- die verschiedenen Veranstaltungstypen der Moderation die Möglichkeit geben, eine große Zahl von Personen in den Prozess einzubeziehen;
- aktivierende Arbeitsformen allen Teilnehmern die Gelegenheit geben, am Diskussions- und Entscheidungsprozess teilzunehmen;
- die Formen des Miteinander-Umgehens vorhandene Organisations- und Hierarchiestrukturen durchbrechen und so zu neuen Gestaltungsformen des Miteinanders verhelfen.

Die Einsatzmöglichkeit der ModerationsMethode in den OE-Prozessen soll an zwei Beispielen angedeutet werden:

1. Organisationsveränderungen, in denen Betroffene zu Beteiligten gemacht werden

Mit der ModerationsMethode können folgende Phasen durchgeführt werden:
- Zielsetzung und Zielabgleichung der Organisationsveränderung
- Auswahl und Gestaltung von Testläufen
- begleitende Reflexion der Veränderungsprozesse und Feedback unter den Beteiligten
- Konfliktbearbeitung und Konsenserzielung
- Festlegen der neuen Organisationsstruktur und ihrer Verhaltensregeln
- Präsentation des Veränderungsprozesses zur endgültigen Entscheidung.

2. Veränderungsprozesse bei einer großen Zahl von zu Beteiligenden und Betroffenen

In diesen Fällen steht meist ein Problem als Ausgangspunkt fest (zum Beispiel »Qualität«), das von vielen Gruppen in ihrem jeweiligen Arbeitsprozess gelöst werden muss.

Folgende Phasen lassen sich mit Unterstützung der ModerationsMethode besonders gut durchführen:

- Auswahl des Organisationsproblems unter mehreren strategischen Problemen
- Problemanalyse in den einzelnen betroffenen Gruppen und Organisationseinheiten
- Erarbeitung von Lösungsmöglichkeiten
- gegenseitiger Austausch der beteiligten Gruppen über erarbeitete Lösungsmöglichkeiten in Informationsbörsen
- Kommunikation zwischen angrenzenden Arbeitsbereichen über gemeinsame Probleme/Lösungen
- begleitende Reflexion der Veränderungsprozesse auf der Sach- und auf der Beziehungsebene
- Präsentation der Probleme und Ergebnisse auf verschiedenen Hierarchieebenen
- Supervision der Moderatoren und der Moderationsabläufe.

Der Einsatz der ModerationsMethode in Prozessen der Organisationsentwicklung ist sicher vielfältiger, als er sich in diesen zwei Beispielen erkennen lässt, so dass sich gerade Erfahrungen aus diesem Anwendungsfeld in unserem »Praxisforum« niederschlagen werden.

Literaturhinweise für Moderatoren

Gruppendynamik

Antons, K.
Praxis der Gruppendynamik
Übungen und Techniken
Göttingen, Hogrefe

Ardelt-Gattinger, E. u. a. (Hrsg.)
Gruppendynamik
Anspruch und Wirklichkeit der Arbeit in Gruppen
Göttingen, VAP

Cohn, R.
Von der Psychoanalyse zur themenzentrierten Interaktion
Von der Behandlung einzelner zu einer Pädagogik für alle
Stuttgart, Klett-Cotta

Francis, D., Young, D.
Mehr Erfolg im Team
Ein Trainingsprogramm mit 46 Übungen zur Verbesserung
der Leistungsfähigkeit in Arbeitsgruppen
Hamburg, Windmühle

Gudjons, H.
Spielbuch Interaktionserziehung
185 Spiele und Übungen zum Gruppentraining in Schule,
Jugendarbeit und Erwachsenenbildung
Bad Heilbrunn, Klinkhardt

Günther, U., Sperber, W.
Handbuch für Kommunikations- und Verhaltenstrainer
Psychologische und organisatorische Durchführung von
Trainingsseminaren
München, Reinhardt

Kirsten, R., Müller-Schwarz, J.
Gruppentraining
Ein Übungsbuch mit 59 Psychospielen,
Trainingsaufgaben und Tests
Reinbek, Rowohlt

Klebert, K., Schrader, E., Straub, W. G.
KurzModeration
Anwendung der ModerationsMethode in Betrieb, Schule,
Hochschule, Kirche, Politik, Sozialbereich und Familie,
bei Besprechungen und Präsentationen
Hamburg, Windmühle

Langmaack, B., Braune-Krickau, M.
Wie die Gruppe laufen lernt
Anregungen zum Planen und Leiten von Gruppen
Ein praktisches Lehrbuch
Weinheim, PVU

Pfeiffer, J. W., Jones, J. E.
Arbeitsmaterial zur Gruppendynamik
5 Bände plus Register
vergriffen, Neuauflage nicht geplant

Rechtien, W.
Angewandte Gruppendynamik
Ein Lehrbuch für Studierende und Praktiker
Weinheim, PVU, Beltz

Redlich A.
KonfliktModeration
Handlungsstrategien für alle, die mit Gruppen arbeiten.
Mit vier Fallbeispielen
Hamburg, Windmühle

Röschmann, D.
111 x Spaß am Abend
Hamburg, Windmühle

Röschmann, D., Kalnins, M.
Icebreaker
Wege bahnen für Lernprozesse. Ein Logbuch für Trainer
Hamburg, Windmühle

Schwäbisch, L., Siems, M.
Anleitung zum sozialen Lernen für Paare, Gruppen und Erzieher
Kommunikationstraining und Verhaltenstraining
Reinbek, Rowohlt

Siemens AG (Hrsg.)
Organisationsplanung
Leitfaden für die innerbetriebliche Durchführung von
Organisationsveränderungen
Erlangen, Publics HCD Werbeagentur GmbH

Vopel, K. W.
Interaktionsspiele, 6 Bände
Salzhausen, Iskopress

Vopel, K. W.
Handbuch für Gruppenleiter
Zur Theorie und Praxis der Interaktionsspiele
Salzhausen, Iskopress

Vopel, K. W.
Kommunikation und Kooperation
Ein gruppendynamisches Trainingsprogramm
Salzhausen, Iskopress

Weber, H., Röschmann, D.
Arbeitskatalog der Übungen und Spiele, Band 1 und 2
Ein Verzeichnis von über 1200 Gruppenübungen und Rollenspielen
Hamburg, Windmühle

Woodcock, M.
Team Development Manual
Westmead, Farnborough, Hants., Gower Press

Methodik/Didaktik

Dierichs, J., Helmes, B., Schrader, E., Straub, W. G.
Workbook
Ein Methoden-Angebot als Anleitung zum aktiven Gestalten von
Lern- und Arbeitsprozessen in Gruppen
Hamburg, Windmühle

Döring, K. W.
Lehren und Trainieren in der Weiterbildung
Ein praxisorientierter Leitfaden
Weinheim, Deutscher Studienverlag

Knoll, J.
Kurs- und Seminarmethoden
Ein Trainingsbuch zur Gestaltung von Kursen, Seminaren,
Arbeits- und Gesprächskreisen
Weinheim, Beltz

Kohl, K.
Seminar für Trainer
Das Situative Lehrtraining. Trainer lernen lehren
Hamburg, Windmühle

Müller, K.R. (Hrsg.)
Kursgestaltung und Seminargestaltung
Ein Handbuch für Mitarbeiter im Bereich Training und Kursleitung
Weinheim, Beltz

Lernen

Frantzen, D.
Effizient lernen
Wie Sie Ihre Qualifikation selbst managen
Wiesbaden, Gabler

Martens, J. U.
Verhalten und Einstellungen ändern
Veränderung durch gezielte Ansprache des Gefühlsbereiches.
Ein Lehrkonzept für Seminarleiter
Hamburg, Windmühle

Vester, F.
Denken, Lernen und Vergessen
Was geht in unserem Kopf vor, wie lernt das Gehirn,
und wann lässt es uns im Stich?
München, dtv

Visualisierung

Schnelle-Cölln, T., Schnelle, E.
Visualisieren in der Moderation
Eine praktische Anleitung für Gruppenarbeit und Präsentation
Hamburg, Windmühle

Schrader, E., Biehne J., Pohley, K.
Optische Sprache
Ein Lernprogramm zur optimalen Gestaltung von Informationen
Hamburg, Windmühle

Weidenmann, B.
100 Tipps & Tricks für Pinnwand und Flipchart
Weinheim, Beltz

Kreativitätstechniken

Burow, O. A.
Ich bin gut, wir sind besser
Erfolgsmodelle kreativer Gruppen
Stuttgart, Klett-Cotta

Wack, O. G. u. a.
Kreativ sein kann jeder
Kreativitätstechniken für Leiter von Projektgruppen, Arbeitsteams,
Workshops und von Seminaren.
Ein Handbuch zum Problemlösen
Hamburg, Windmühle

West, M. A.
Innovation und Kreativität
Praktische Wege und Strategien für Unternehmen mit Zukunft
Weinheim, Beltz

Praxisbeispiele zur ModerationsMethode

Klebert K., Schrader, E., Straub W. G.
KurzModeration
Anwendung der ModerationsMethode in Betrieb, Schule,
Hochschule, Kirche, Kirche, Politik, Sozialbereich und Familie,
bei Besprechungen und Präsentationen
Hamburg, Windmühle

Schrader, E. (Hrsg.)
Reihe Moderation in der Praxis
Hamburg, Windmühle

Band 1: KursKorrrektur Schule
Einführung der ModerationsMethode im System Schule

Band 2: KonfliktModeration
Handlungsstrategien für alle, die mit Gruppen arbeiten

Band 3: Moderation in der Hochschule
Konzepte und Erfahrungen in der Hochschullehre und Hochschulentwicklung

Band 4: Prozesskompetenz in der Projektarbeit
Ein Handbuch für Projektleiter, Prozessbegleiter und Berater

Band 5: Visualisieren in der Moderation
Eine praktische Anleitung für Gruppenarbeit und Präsentation

Band 6: Kundenkonferenz
Der intensive Dialog mit dem Partner Kunden

Band 7: Potential : Konflikte
Ein Seminarkonzept zur KonfliktModeration und Mediation
für Trainer und Lerngruppen

Die Reihe »Moderation in der Praxis« wird fortgesetzt

Die hier angeführte Literatur soll kein vollständiges Verzeichnis darstellen. Sie ist vielmehr eine bewusste Auswahl, die wir Ihnen zur Vertiefung empfehlen. Weitere Titel finden Sie, ausführlich kommentiert von Experten aus dem Arbeitsbereich Managementtraining und Personalentwicklung, im Taschenbuch »Literatur für die Aus- und Weiterbildung in Organisationen. Rezensionen wichtiger Fachbücher für Management, Training und Personalentwicklung«, erschienen bei Windmühle, Hamburg.

Die Autoren

Dr. Karin Klebert

»Geboren 1941 in Wien, dort aufgewachsen und studiert: Philosophie, Psychologie, Pädagogik und Kunstgeschichte. 1964 Promotion zum Dr. phil.. Anschließend Studium der Soziologie in Münster/Westfalen. Geheiratet, ein Sohn Oliver. Von 1967 – 69 unterrichtete ich Sozialphilosophie und Sozialpsychologie an der Pädagogischen Hochschule Münster und experimentierte dort auch mit Gruppenarbeitsmethoden. 1970 – 72 Planung in Industrie und Verwaltung, als Mitglied des Quickborner Teams Entwicklung der Moderation. 1972 – 76 bei Metaplan, Quickborn, Moderation in Industrie und Verwaltung. Seit 1976 bin ich selbständig und mache Moderation, Selbsterfahrungsgruppen, in Zusammenarbeit mit ComTeam.«

Dr. Einhard Schrader

»Jahrgang 1940; seit über 25 Jahren arbeite ich mit Gruppen, zum größten Teil in Firmen, Behörden, Universitäten, Anstalten des öffentlichen Rechts. Meine Schwerpunkte liegen in der Anwendung und Vermittlung der Moderationstechnik, die ich mitentwickelt habe. Daneben arbeite ich auf dem Gebiet der Kommunikation und der Gesprächsführung sowie in der Ausbildung von Trainern für Aus- und Fortbildung. Meine Ausbildung: Promoviert habe ich in Soziologie, war Assistent an der Universität, Mitglied des Quickborner Teams, habe ein

Bildungszentrum in einem Wirtschaftsunternehmen geleitet und bin seit 1976 als freiberuflicher Trainer und Unternehmensberater selbstständig.«

Walter G. Straub

»Jahrgang 1945. Seit der Umwandlung von ComTeam in eine AG Aufsichtsratsvorsitzender. Nach der Jugendzeit in Berlin habe ich in Frankfurt/Main und Darmstadt Maschinenbau, Betriebswirtschaft und Psychologie studiert. Seit 1970 arbeite ich mit und in Gruppen. Angefangen habe ich mit Organisationsplanungen und Strategieentwicklungen bei der Siemens AG in München. Im Quickborner Team habe ich als Mitgesellschafter im Trainings- und Klausurbereich weitere Erfahrungen gesammelt. Seit 1974 gibt es ComTeam. Die Gründung sollte es uns – meiner Frau Heide und mir – ermöglichen, gemeinsam für Arbeit, Haushalt und Kindererziehung zuständig zu sein. Meine Arbeitsschwerpunkte liegen auf den Gebieten Systemische Beratung bei der Gestaltung von Veränderungsprozessen, Weiterbildungen in verschiedenen Methoden der Humanistischen Psychologie und in Systemischer Familientherapie.«

Personalentwicklung, Personalführung, Moderation, Seminare: Bücher von  WINDMÜHLE

Arbeitshefte Führungspsychologie

Psychologie der Persönlichkeit
ISBN 978-3-937444-64-2, € 15,00

Grundlagen der Führung
ISBN 978-3-937444-67-3, € 15,00

Führungsstile – Management by Objectives
ISBN 978-3-937444-25-3, € 15,00

Motivation und Management des Wandels
ISBN 978-3-86451-001-4, € 15,00

Kommunikation I
ISBN 978-3-937444-27-7, € 15,00

Besprechungen zielorientiert führen
ISBN 978-3-937444-79-6, € 15,00

Arbeitsmethodik
ISBN 978-3-937444-63-5, € 15,00

Gezielte Verhaltensänderung
ISBN 978-3-937444-31-4, € 15,00

Transaktions-Analyse
ISBN 978-3-937444-58-1, € 15,00

Psychologie der Gesprächsführung
ISBN 978-3-937444-68-0, € 15,00

Psychologie der Auszubildenden
ISBN 978-3-937444-96-3, € 15,00

Anti-Stress-Training
ISBN 978-3-937444-34-5, € 15,00

Konflikttraining
ISBN 978-3-937444-69-7, € 15,00

Erfolgreiche Teamführung
ISBN 978-3-937444-66-6, € 15,00

Das Mitarbeitergespräch als Führungsinstrument
ISBN 978-3-86541-000-7, € 15,00

Psychologische Grundlagen im Führungsprozess
ISBN 978-3-937444-70-3, € 15,00

Mitarbeiter-Coaching
ISBN 978-3-937444-38-3, € 15,00

Methodik der Konfliktlösung
ISBN 978-3-937444-65-9, € 15,00

Führungsethik
ISBN 978-3-86451-008-3, € 15,00

Entwicklung zur Führungspersönlichkeit
ISBN 978-3-937444-40-6, € 15,00

Chancenorientiertes Management mit System
ISBN 978-3-937444-80-2, € 15,00

Kommunikation macht gesund
ISBN 978-3-937444-56-7, € 15,00

Innovative Teamarbeit
ISBN 978-3-937444-71-0, € 15,00

Führungsprinzip Achtsamkeit
ISBN 978-3-937444-42-0, € 15,00

Rhetorik und Präsentation
ISBN 978-3-937444-74-1, € 15,00

Projektmanagement
ISBN 978-3-937444-44-4, € 15,00

Neue Ideen mit System
ISBN 978-3-937444-89-5, € 15,00

Soziale Kompetenz
ISBN 978-3-937444-45-1, € 15,00

Der Kontinuierliche Verbesserungsprozess (KVP)
ISBN 978-3-937444-62-8, € 15,00

Führung braucht Coaching
ISBN 978-3-86451-007-6, € 15,00

Customer Relationship Management
ISBN 978-3-937444-48-2, € 15,00

Intervision
ISBN 978-3-937444-92-5, € 15,00

Führen mit Autorität – aber nicht autoritär
ISBN 978-3-937444-93-2, € 15,00

Effizientes Verhandeln
ISBN 978-3-937444-60-4, € 15,00

Motivation durch Zielvereinbarungen
ISBN 978-3-937444-61-1, € 15,00

Gestaltung personalwirtschaftlicher Prozesse
ISBN 978-3-937444-52-9, € 15,00

Talent Management
ISBN 978-3-937444-59-8, € 15,00

WINDMÜHLE VERLAG GmbH · 22122 Hamburg · Telefon +49 40 679430-0 · Fax +49 40 67943030 · www.windmuehle-verlag.de

Personalentwicklung, Personalführung, Moderation, Seminare: Bücher von  WINDMÜHLE

Soft Skills
ISBN 978-3-937444-54-3, € 15,00

Führen in Projekten
ISBN 978-3-937444-55-0, € 15,00

Kreativität und Innovation
ISBN 978-3-937444-72-7, € 15,00

Techniken geistiger Arbeit
ISBN 978-3-937444-81-9, € 15,00

Positive Psychologie in der Führung
ISBN 978-3-937444-90-1, € 15,00

SMPLT Spirituell – mental – psychisches Leadershiptraining
ISBN 978-3-937444-91-8, € 15,00

Personalbeurteilungssysteme
ISBN 978-3-937444-95-6, € 15,00

Selbstmotivierung und kompetente Mitarbeiterführung
ISBN 978-3-937444-98-7, € 15,00

Wie Menschen ticken: Psychologie für Manager
ISBN 978-3-86451-002-1, € 15,00

Prozessorientiertes Personalwesen
ISBN 978-3-86451-003-8, € 15,00

Führung ist dreidimensional
ISBN 978-3-86451-009-0, € 15,00

Psychologisches Kapital
ISBN 978-3-86451-010-6, € 15,00

Arbeitshefte Personalpraxis

Taschenbuch Personalbeurteilung
ISBN 978-3-937444-78-9, € 25,00

Die Stellenbeschreibung
ISBN 978-3-937444-76-5, € 25,00

Das Vorstellungsgespräch
ISBN 978-3-937444-77-2, € 25,00

Mobbing, Bullying, Bossing
ISBN 978-3-937444-87-1, € 22,00

Techniken der Personalentwicklung
ISBN 978-3-937444-88-8, € 38,00

Schwierige Mitarbeitergespräche
ISBN 978-3-937444-84-0, € 18,00

Führen, Verhandeln, Überzeugen
ISBN 978-3-86451-006-9, € 28,00

Methodik/Didaktik

ModerationsMethode
ISBN 978-3-937444-07-9, € 42,50

KurzModeration
ISBN 978-3-937444-21-5, € 27,50

Winning Group Results
ISBN 978-3-922789-36-9, € 28,50

Seminar für Trainer
ISBN 978-3-922789-60-4, € 22,50

Beratung in Aktion
ISBN 978-3-937444-19-2, € 29,80

Verhalten und Einstellungen ändern
ISBN 978-3-922789-71-0, € 40,00

Das pädagogische Rollenspiel in der betrieblichen Praxis
ISBN 978-3-922789-59-8, € 30,50

Personalentwicklung, Personalführung, Moderation, Seminare: Bücher von  **WINDMÜHLE**

Personalentwicklung/ Personalführung

Neue Normalität
ISBN 978-3-937444-99-4, € 24,50

Ich bin dann mal im Seminar ...
ISBN 978-3-937444-57-4, € 29,50

Organizing Talent
ISBN 978-3-937444-15-4, € 22,50

Moderationsfibel
ISBN 978-3-937444-14-7, € 24,50

Das Prinzip der minimalen Führung
ISBN 978-3-937444-12-3, € 19,50

Lizenz zum Führen?
ISBN 978-3-922789-83-3, € 28,50

Erfolg durch Coaching
ISBN 978-3-937444-03-1, € 32,50

Führung: Theorie und Praxis
ISBN 978-3-922789-96-3, € 25,00

Führung: Übungen für das Training mit Führungskräften
ISBN 978-3-937444-04-8, € 35,00

Kündigungsgespräche
ISBN 978-3-922789-55-0, € 15,50

Business Talk
ISBN 978-3-937444-13-0, € 25,50

Die ersten Tage im Betrieb
ISBN 978-3-922789-70-3, € 25,50

Das AC in der betrieblichen Praxis
ISBN 978-3-922789-51-2, € 30,50

AC als Instrument der Personalentwicklung
ISBN 978-3-922789-57-4, € 35,00

Qualitätsstandards für PE in Wirtschaft und Verwaltung
ISBN 978-3-922789-92-5, € 35,00

Seminarkonzepte und Übungen

So entkommenn Sie der Falle Stress
ISBN 978-3-937444-10-9, € 16,50

Quellen der Gestaltungskraft
ISBN 978-3-937444-17-8, € 29,50

Mehr Erfolg im Team
ISBN 978-3-922789-64-2, € 35,00

Strategien der Konfliktlösung
ISBN 978-3-937444-09-3, € 34,50

Die Teamfibel
ISBN 978-3-937444-01-7, € 38,50

Icebreaker
ISBN 978-3-937444-20-8, € 34,50

111 x Spaß am Abend
ISBN 978-3-937444-02-4, € 17,50

Arbeitskatalog der Übungen und Spiele
ISBN 978-3-937444-06-2, € 75,00

Übungen zur Transaktionsanalyse
ISBN 978-3-937444-00-0, € 24,50

Kreativ sein kann jeder
ISBN 978-3-922789-42-0, € 22,50

Das Outdoor-Seminar in der betrieblichen Praxis
ISBN 978-3-922789-86-4, € 29,80

So und nicht anders – Ingenieure im Coaching
ISBN 978-3-937444-22-2, € 24,50

Kurskorrektur Schule
ISBN 978-3-922789-75-8, € 25,50

KonfliktModeration in Gruppen
ISBN 978-3-937444-18-5, € 34,50

Prozesskompetenz in der Projektarbeit
ISBN 978-3-937444-73-4, € 34,50

Visualisieren in der Moderation
ISBN 978-3-922789-50-5, € 25,50

Kundenkonferenz
ISBN 978-3-922789-73-4, € 22,50

Potential:Konflikte
ISBN 978-3-922789-78-9, € 30,50

SeminarModeration
ISBN 978-3-922789-89-5, € 19,90

Woran Workshops scheitern
ISBN 978-3-922789-93-2, € 19,90

WINDMÜHLE VERLAG GmbH · 22122 Hamburg · Telefon +49 40 679430-0 · Fax +49 40 67943030 · www.windmuehle-verlag.de

Der Weg nach oben beginnt auf Seite eins.

Wer heute in der Berufswelt bestehen will, baut am besten auf eine solide Ausbildung – und sorgt mit gezielter Weiterbildung dafür, auch morgen noch auf dem neuesten Wissensstand zu sein. Der FELDHAUS VERLAG mit seinem umfassenden Angebot ist dabei der richtige Partner.

Unsere Titel auf einen Blick:

Fachwissen und Praxis des Ausbilders
- Handlungsfeld Ausbildung
- Prüfungs-Check Ausbildereignung
- Die Ausbilder-Eignung
- Der Berufsausbilder
- Reihe »Arbeitshefte Ausbildung«
- Ratgeber Berufsausbildung
- Die Auswahl von Auszubildenden
- Auszubildende objektiv beurteilen
- Betriebliche Beurteilung von Auszubildenden
- Der Ausbilder vor Ort
- Das Ausbilder-Lexikon
- Berufsbildung – handelnd lernen, lernend handeln
- Reihe »Materialien zur Berufsbildung«

Mitarbeiterauswahl/Mitarbeiterführung
- Schwierige Mitarbeitergespräche
- Wie wähle ich den richtigen Mitarbeiter aus?
- Erfolgreiche Mitarbeiterführung

Büroberufe
- Management im Chefsekretariat

Außenhandel/Seeschifffahrt
- Verkehrslehre des Außenhandels
- Der Ausbilder an Bord

Fremdsprachen
- Handelskorrespondenzen für Französisch, Spanisch, Italienisch, Englisch, Japanisch
- Umgangssprache Spanisch, Japanisch

Reiseverkehrskaufleute
- Stadt, Land, Fluss

Gastgewerbe
- Ausbildungsprogramm Gastgewerbe (12 Bände)
- Französisch im Gastgewerbe

Ausbildungsnachweise
- für alle Berufe

Testverfahren
- Grundwissen-Test für Auszubildende

Formulare
- für die Berufsausbildung

Ordnungsmittel
- Ausbildungsordnungen und -rahmenpläne

Beruf und Weiterbildung
- Der Industriemeister
- Der Technische Betriebswirt
- Wirtschaftsbezogene Qualifikationen für alle Fachwirte
- Der Wirtschaftsfachwirt
- Personalfachkauffrau/Personalfachkaufmann
- Der Handwerksmeister
- Management im Chefsekretariat
- Kompetenz: Weiterbildung
- Ratgeber Berufliche Weiterbildung
- Ratgeber Berufliche Neuorientierung
- Ratgeber Fernstudium
- Wirtschaftsmathematik und Statistik
- Mathematik und Statistik
- Physik und Chemie
- Grundwissen Qualitätsmanagement
- Qualitätssicherung

Windmühle Verlag
- Unser Partnerverlag bietet Fachbücher zu den Themen Personalentwicklung, Personalführung, Aus- und Weiterbildung sowie Erwachsenenbildung und Seminarkonzepte – mehr unter www.windmuehle-verlag.de

Alles für Ausbildung und Aufstieg!

FELDHAUS VERLAG
22122 Hamburg
www.feldhaus-verlag.de

Telefon 040 679430-0
Fax 040 67943030
post@feldhaus-verlag.de